India köök

rikkalikud maitseelamused sinu köögis

Priya Sharma

Indeks

Vürtsikas lambaliha jogurtis ja safranis 18
    Koostisained 18
    meetod 19
lambaliha köögiviljadega 20
    Koostisained 20
    meetod 21
Karri veiseliha kartulitega 22
    Koostisained 22
    meetod 23
Vürtsikas lambaliha Masala 24
    Koostisained 24
    meetod 25
rogan josh 26
    Koostisained 26
    meetod 27
Grillitud searibid 28
    Koostisained 28
    meetod 28
Veiseliha kookospiimaga 29
    4 portsjonit 29
    Koostisained 29
    meetod 30
sealiha kebab 31

- Koostisained 31
- meetod 31
- Veiseliha tšilli prae 32
  - Koostisained 32
  - meetod 33
- Šoti veise munad 34
  - Koostisained 34
  - meetod 34
- Malabar kuivatatud liha 35
  - Koostisained 35
  - Vürtside segu jaoks: 35
  - meetod 36
- Moghlai lambalihakotletid 37
  - Koostisained 37
  - meetod 37
- Liha Okraga 38
  - Koostisained 38
  - meetod 39
- Veiseliha Baffad 40
  - Koostisained 40
  - meetod 41
- Badami Gosht 42
  - Koostisained 42
  - meetod 43
- India rostbiif 44
  - Koostisained 44
  - meetod 45

Khatta Pudina kotletid 46
    Koostisained 46
    meetod 47
India praad 48
    Koostisained 48
    meetod 48
Lambaliha rohelises kastmes 49
    Koostisained 49
    meetod 50
Lihtne lambahakkliha 51
    Koostisained 51
    meetod 51
Sealiha Sorpotel 52
    Koostisained 52
    meetod 53
konserv lambaliha 54
    Koostisained 54
    meetod 54
haleem 55
    Koostisained 55
    meetod 56
Lambakotletid Masala Verde 57
    Koostisained 57
    meetod 58
Fenugreek lambamaks 59
    Koostisained 59
    meetod 60

Hussaini veiseliha 61
    Koostisained 61
    Vürtside segu jaoks: 61
    meetod 62
Lambaliha Methi 63
    Koostisained 63
    meetod 64
Veiseliha Indad 65
    Koostisained 65
    Vürtside segu jaoks: 65
    meetod 66
lambaliha pajaroog 67
    Koostisained 67
    meetod 67
Lambaliha kardemoni maitsega 68
    Koostisained 68
    meetod 69
Kheema 70
    Koostisained 70
    meetod 70
Vürtsikas sealiha Frittata 71
    Koostisained 71
    Vürtside segu jaoks: 71
    meetod 72
Tandoori Raan 73
    Koostisained 73
    meetod 74

Lamb Talaa 75
    Koostisained 75
    Vürtside segu jaoks: 75
    meetod 76
keelepraad 77
    Koostisained 77
    meetod 78
Praetud lambaliharullid 79
    Koostisained 79
    meetod 80
Masala maksapraad 81
    Koostisained 81
    meetod 82
vürtsikas veisekeel 83
    Koostisained 83
    meetod 84
lambaliha pasandas 85
    Koostisained 85
    meetod 85
Lambaliha ja õunakarri 86
    Koostisained 86
    meetod 87
Andhra stiilis kuiv lambaliha 88
    Koostisained 88
    meetod 89
Lihtne veiseliha karri 90
    Koostisained 90

meetod 90
jumal korma 91
    Koostisained 91
    meetod 92
erachi karbonaad 93
    Koostisained 93
    meetod 94
röstitud veisehakkliha 95
    Koostisained 95
    meetod 95
Kaleji Do Pyaaza 96
    Koostisained 96
    meetod 97
Lambaliha luu peal 98
    Koostisained 98
    meetod 99
veiseliha vindaloo 100
    Koostisained 100
    meetod 101
veiseliha karri 102
    Koostisained 102
    meetod 103
lambaliha kõrvitsaga 104
    Koostisained 104
    meetod 105
gushtaba 106
    Koostisained 106

meetod ... 107
Lambaliha köögiviljade ja ürtidega ... 108
   Koostisained ... 108
   meetod ... 109
sidrunine lambaliha ... 110
   Koostisained ... 110
   meetod ... 111
Lambapasanda mandlitega ... 112
   Koostisained ... 112
   meetod ... 113
Praetud sealihavorst pipraga ... 114
   Koostisained ... 114
   meetod ... 115
Lambaliha Shah Jahan ... 116
   Koostisained ... 116
   Vürtside segu jaoks: ... 116
   meetod ... 117
kala kebab ... 117
   Koostisained ... 117
   Täidise jaoks: ... 118
   meetod ... 118
Kalakotletid ... 120
   Koostisained ... 120
   meetod ... 121
Kala Sookha ... 122
   Koostisained ... 122
   meetod ... 123

Mahya Kalia 124
    Koostisained 124
    meetod 125
Krevettide karri Rosachi 126
    Koostisained 126
    meetod 127
Datlite ja mandlitega täidetud kala 128
    Koostisained 128
    meetod 128
Tandoori kala 130
    Koostisained 130
    meetod 130
Kala köögiviljadega 131
    Koostisained 131
    meetod 132
gulnar tandoor 133
    Koostisained 133
    Esimese marinaadi jaoks: 133
    Teise marinaadi jaoks: 133
Krevetid Masala Verdes 134
    Koostisained 134
    meetod 135
kala karbonaad 136
    Koostisained 136
    meetod 137
Parsi Kala Sas 138
    Koostisained 138

meetod 139

Peshawari Machhi 140

   Koostisained 140

   meetod 141

Krabi karri 142

   Koostisained 142

   meetod 143

sinepi kala 144

   Koostisained 144

   meetod 144

Meen Vattichathu 145

   Koostisained 145

   meetod 146

Doi Maach 147

   Koostisained 147

   Marinaadi jaoks: 147

   meetod 148

Praetud kala 149

   Koostisained 149

   meetod 149

Macher Chop 150

   Koostisained 150

   meetod 151

Mõõkkala Goa 152

   Koostisained 152

   meetod 153

Kuivatatud kala Masala 154

Koostisained 154

meetod 154

Madrase krevettide karri 155

Koostisained 155

meetod 155

kala lambaläätses 156

Koostisained 156

meetod 157

Karieen Porichathu 158

Koostisained 158

meetod 159

jumbo krevetid 160

Koostisained 160

meetod 161

kalakonservid 162

Koostisained 162

meetod 163

Kalapalli karri 164

Koostisained 164

meetod 165

amritsari kala 166

Koostisained 166

meetod 166

Praetud krevetid Masala 167

Koostisained 167

meetod 168

Kaetud soolakala 169

Koostisained 169
meetod 170
pasanda krevetid 171
Koostisained 171
meetod 172
rechaido mõõkkala 173
Koostisained 173
meetod 174
Teekha Jhinga 175
Koostisained 175
meetod 176
Balchow krevetid 177
Koostisained 177
meetod 178
bhujna krevetid 179
Koostisained 179
meetod 180
Chingdi Macher Malai 181
Koostisained 181
meetod 182
Fish Sorse Bata 183
Koostisained 183
meetod 183
Kalasupp 184
Koostisained 184
meetod 185
jhinga nissa 186

Koostisained 186

meetod 187

Kalmaar Vindaloo 188

Koostisained 188

meetod 189

Homaar Balchow 190

Koostisained 190

meetod 191

Krevetid baklažaaniga 192

Koostisained 192

meetod 193

rohelised krevetid 194

Koostisained 194

meetod 194

Kala koriandriga 195

Koostisained 195

meetod 195

malai kala 196

Koostisained 196

Vürtside segu jaoks: 196

meetod 197

Konkani kalakarri 198

Koostisained 198

meetod 198

Vürtsikad krevetid küüslauguga 199

Koostisained 199

meetod 200

Lihtne kalakarri 201
    Koostisained 201
    meetod 201
Goani kalakarri 202
    Koostisained 202
    meetod 203
Krevetid Vindaloo 204
    4 portsjonit 204
    Koostisained 204
    meetod 205
Kala Masala Verdes 206
    Koostisained 206
    meetod 207
masala karbid 208
    Koostisained 208
    meetod 209
kala tikka 210
    Koostisained 210
    meetod 211
Krevettidega täidetud baklažaan 212
    Koostisained 212
    meetod 213
Krevetid küüslaugu ja kaneeliga 214
    Koostisained 214
    meetod 214
Aurutatud tald sinepiga 215
    Koostisained 215

    meetod 215
kollane kala karri 216
    Koostisained 216
    meetod 216

Vürtsikas lambaliha jogurtis ja safranis

4 portsjonit

Koostisained

5 supilusikatäit gheed

1 tl ingveripastat

1 tl küüslaugupastat

675 g / 1½ naela kondita lambaliha, hakitud 3,5 cm / 1½ tolli tükkideks

soola maitse järgi

750 ml / 1¼ pinti vett

4 suurt sibulat, viilutatud

1 tl tšillipulbrit

1 tl garam masala

1 spl pruuni suhkrut, lahustatud 2 sl vees

3 rohelist paprikat, lõigatud pikuti

30 g / 1 untsi jahvatatud mandleid

400 g / 14 untsi kreeka jogurtit, vahustatud

10 g / ¼ untsi koriandri lehti, peeneks hakitud

½ tl kurkumit, lahustatud 2 spl piimas

meetod

- Kuumuta pannil pool gheest. Lisa ingveripasta ja küüslaugupasta. Prae keskmisel kuumusel 1-2 minutit.

- Lisa lambaliha ja sool. Prae 5-6 minutit.

- Lisa vesi ja sega korralikult läbi. Kata kaanega ja küpseta 40 minutit, aeg-ajalt segades. Pange see kõrvale.

- Kuumuta teisel pannil ülejäänud ghee. Lisa sibul ja prae keskmisel kuumusel läbipaistvaks.

- Lisa tšillipulber, garam masala, suhkruvesi, roheline tšilli ja jahvatatud mandel. Jätkake praadimist üks minut.

- Lisa jogurt ja sega hästi. Keeda segu hästi segades 6-7 minutit.

- Lisa see segu lambalihasegule. Sega hästi. Kata kaanega ja küpseta 5 minutit, aeg-ajalt segades.

- Kaunista koriandrilehtede ja safraniga. Serveeri kuumalt.

lambaliha köögiviljadega

4 portsjonit

Koostisained

675 g / 1½ naela lambaliha, hakitud 2,5 cm suurusteks tükkideks

soola maitse järgi

½ tl jahvatatud musta pipart

5 supilusikatäit rafineeritud taimeõli

2 loorberilehte

4 kapslit rohelist kardemoni

4 nelki

2,5 cm / 1 in kaneeli

2 suurt sibulat, peeneks hakitud

1 tl safranit

1 spl jahvatatud köömneid

1 tl tšillipulbrit

1 tl ingveripastat

1 tl küüslaugupastat

2 tükeldatud tomatit

200 g / 7 untsi herneid

1 tl lambaläätse seemneid

Lillkapsas Florets 200g / 7oz

500 ml / 16fl untsi vett

200 g / 7 untsi jogurtit

10 g / ¼ untsi koriandri lehti, peeneks hakitud

meetod

- Marineeri lambaliha soola ja pipraga 30 minutit.

- Kuumuta pannil õli. Lisa loorberilehed, kardemon, nelk ja kaneel. Laske neil 30 sekundit lobiseda.

- Lisa sibul, kurkum, köömnepulber, tšillipulber, ingveripasta ja küüslaugupasta. Prae neid keskmisel kuumusel 1-2 minutit.

- Lisa marineeritud lambaliha ja prae aeg-ajalt segades 6-7 minutit.

- Lisa tomatid, herned, lambaläätse seemned ja lillkapsa õisikud. Prae 3-4 minutit.

- Lisa vesi ja sega korralikult läbi. Kata kaanega ja küpseta 20 minutit.

- Avage pann ja lisage jogurt. Segage hästi üks minut, katke uuesti ja küpseta 30 minutit, aeg-ajalt segades.

- Kaunista koriandrilehtedega. Serveeri kuumalt.

Karri veiseliha kartulitega

4 portsjonit

Koostisained

6 tera musta pipart

3 nelki

2 kapslit musta kardemoni

2,5 cm / 1 in kaneeli

1 tl köömneid

4 supilusikatäit rafineeritud taimeõli

3 suurt sibulat, peeneks hakitud

¼ tl safranit

1 tl tšillipulbrit

1 tl ingveripastat

1 tl küüslaugupastat

750 g / 1 nael 10 untsi veisehakkliha

2 tükeldatud tomatit

3 suurt kartulit, lõigatud kuubikuteks

½ tl garam masala

1 spl sidrunimahla

soola maitse järgi

1 liiter vett

1 spl koriandri lehti, peeneks hakitud

meetod

- Jahvata pipraterad, nelk, kardemon, kaneel ja köömned peeneks pulbriks. Pange see kõrvale.

- Kuumuta pannil õli. Lisa sibul ja prae keskmisel kuumusel kuldseks.

- Lisa jahvatatud nelgipipra pulber, kurkum, tšillipulber, ingveripasta ja küüslaugupasta. Prae minut aega.

- Lisa hakkliha ja prae 5-6 minutit.

- Lisa tomatid, kartulid ja garam masala. Sega hästi ja küpseta 5-6 minutit.

- Lisa sidrunimahl, sool ja vesi. Kata kaanega ja küpseta 45 minutit, aeg-ajalt segades.

- Kaunista koriandrilehtedega. Serveeri kuumalt.

Vürtsikas lambaliha Masala

4 portsjonit

Koostisained

675 g / 1½ naela lambaliha, hakitud

3 suurt sibulat, viilutatud

750 ml / 1¼ pinti vett

soola maitse järgi

4 supilusikatäit rafineeritud taimeõli

4 loorberilehte

¼ tl köömneid

¼ tl sinepiseemneid

1 tl ingveripastat

1 tl küüslaugupastat

2 rohelist paprikat, tükeldatud

1 spl jahvatatud maapähkleid

1 spl chana dhal*, röstitud ja kuiv maa

1 tl tšillipulbrit

¼ tl safranit

1 tl garam masala

1 sidruni mahl

50 g / 1¾oz koriandri lehti, peeneks hakitud

meetod

- Sega lambaliha sibula, vee ja soolaga. Küpseta seda segu pannil keskmisel kuumusel 40 minutit. Pange see kõrvale.

- Kuumuta pannil õli. Lisa loorberilehed, köömned ja sinepiseemned. Laske neil 30 sekundit lobiseda.

- Lisa ingveripasta, küüslaugupasta ja roheline tšilli. Prae neid keskmisel kuumusel üks minut pidevalt segades.

- Lisa jahvatatud maapähklid, chana dhal, tšillipulber, kurkum ja garam masala. Jätkake praadimist 1-2 minutit.

- Lisa lambaliha segu. Sega hästi. Kata kaanega ja küpseta 45 minutit, aeg-ajalt segades.

- Puista peale laimimahl ja koriandrilehed ning serveeri kuumalt.

rogan josh

(Kashmiri lambakarri)

4 portsjonit

Koostisained

1 sidruni mahl

200 g / 7 untsi jogurtit

soola maitse järgi

Lambaliha 750 g / 1 nael 10 untsi, hakitud 2,5 cm tükkideks

75 g / 2½ untsi ghee pluss praadimiseks

2 suurt sibulat, peeneks viilutatud

2,5 cm / 1 in kaneeli

3 nelki

4 kapslit rohelist kardemoni

1 tl ingveripastat

1 tl küüslaugupastat

1 tl jahvatatud koriandrit

1 tl jahvatatud köömneid

3 suurt tomatit, peeneks hakitud

750 ml / 1¼ pinti vett

10 g / ¼ untsi koriandri lehti, peeneks hakitud

meetod

- Sega sidrunimahl, jogurt ja sool. Marineeri lambaliha selle seguga tund aega.

- Kuumuta pannil praadimiseks mõeldud ghee. Lisa sibul ja prae keskmisel kuumusel kuldseks. Jookse ja broneeri.

- Kuumuta pannil ülejäänud ghee. Lisa kaneel, nelk ja kardemon. Laske neil 15 sekundit lobiseda.

- Lisa marineeritud lambaliha ja prae keskmisel kuumusel 6-7 minutit.

- Lisa ingveripasta ja küüslaugupasta. Prae 2 minutit.

- Lisa jahvatatud koriander, jahvatatud köömned ja tomat, sega korralikult läbi ja küpseta veel minut aega.

- Lisa vesi. Kata kaanega ja küpseta 40 minutit, aeg-ajalt segades.

- Kaunista koriandrilehtede ja praetud sibulaga. Serveeri kuumalt.

Grillitud searibid

4 portsjonit

Koostisained

6 rohelist paprikat

5 cm / 2 tolli. ingveri juurest

15 küüslauguküünt

¼ väikest toorest papaiat, purustatud

200 g / 7 untsi jogurtit

2 spl rafineeritud taimeõli

2 supilusikatäit sidrunimahla

soola maitse järgi

750 g / 1 naela 10 untsi varuribi, hakitud 4 tükiks

meetod

- Jahvata roheline tšilli, ingver, küüslauk ja toores papaia piisavalt veega, et moodustuks paks pasta.

- Segage see pasta ülejäänud koostisosadega, välja arvatud ribid. Marineerige ribi selles segus 4 tundi.

- Grilli marineeritud lühikesi ribisid 40 minutit, aeg-ajalt keerates. Serveeri kuumalt.

Veiseliha kookospiimaga

4 portsjonit

Koostisained

5 supilusikatäit rafineeritud taimeõli

675 g veiseliha, hakitud 5 cm ribadeks

3 suurt sibulat, peeneks hakitud

8 hakitud küüslauguküünt

2,5 cm / 1 tolli Ingveri juur, peeneks hakitud

2 rohelist paprikat, lõigatud pikuti

2 tl jahvatatud koriandrit

2 tl jahvatatud köömneid

2,5 cm / 1 in kaneeli

soola maitse järgi

500 ml / 16fl untsi vett

500 ml / 16fl untsi kookospiima

meetod

- Kuumuta pannil 3 spl õli. Lisa vähehaaval liharibad ja prae tasasel tulel 12-15 minutit, aeg-ajalt keerates. Jookse ja broneeri.

- Kuumuta pannil ülejäänud õli. Lisa sibul, küüslauk, ingver ja roheline pipar. Prae keskmisel kuumusel 2-3 minutit.

- Lisa praeliha ribad, jahvatatud koriander, jahvatatud köömned, kaneel, sool ja vesi. Küpseta 40 minutit.

- Lisa kookospiim. Keeda 20 minutit, pidevalt segades. Serveeri kuumalt.

sealiha kebab

4 portsjonit

Koostisained

100 ml / 3½ untsi sinepiõli

3 supilusikatäit sidrunimahla

1 väike sibul, hakitud

2 tl küüslaugupastat

1 tl sinepipulbrit

1 tl jahvatatud musta pipart

soola maitse järgi

600 g / 1 naela 5 untsi kondita sealiha, hakitud 3,5 cm / 1,5 tolli tükkideks

meetod

- Sega kõik koostisosad, välja arvatud sealiha. Marineeri sealiha selles segus üle öö.

- Tõsta marineeritud sealiha vardadesse ja grilli 30 minutit. Serveeri kuumalt.

Veiseliha tšilli prae

4 portsjonit

Koostisained

750 g / 1 nael 10 untsi veiseliha, hakitud 2,5 cm suurusteks tükkideks

6 tera musta pipart

3 suurt sibulat, viilutatud

1 liiter vett

soola maitse järgi

4 supilusikatäit rafineeritud taimeõli

2,5 cm / 1 tolli Ingveri juur, peeneks hakitud

8 hakitud küüslauguküünt

4 rohelist paprikat

1 spl sidrunimahla

50 g / 1 unts koriandri lehti

meetod

- Sega liha pipraterade, 1 sibula, vee ja soolaga. Küpseta seda segu pannil keskmisel kuumusel 40 minutit. Jookse ja broneeri. Broneeri varu.

- Kuumuta pannil õli. Prae ülejäänud sibulad keskmisel kuumusel kuldpruuniks. Lisa ingver, küüslauk ja roheline pipar. Prae 4-5 minutit.

- Lisa sidrunimahl ja lihasegu. Jätkake küpsetamist 7-8 minutit. Lisage reserveeritud varu.

- Kata kaanega ja küpseta 40 minutit, aeg-ajalt segades. Lisa koriandrilehed ja sega korralikult läbi. Serveeri kuumalt.

Šoti veise munad

4 portsjonit

Koostisained

500 g / 1 nael 2 untsi veiseliha, hakkliha

soola maitse järgi

1 liiter vett

3 supilusikatäit besaani*

1 lahtiklopitud muna

25 g / vähesed 1 untsi piparmündilehed, peeneks hakitud

25 g / vähe 1 untsi koriandri lehti, tükeldatud

8 keedetud muna

Rafineeritud taimeõli praadimiseks

meetod

- Sega liha soola ja veega. Hauta pannil madalal kuumusel 45 minutit. Jahvata pastaks ja sega besani, lahtiklopitud muna, piparmündi ja koriandrilehtedega. Kaasake keedetud munad selle seguga.
- Kuumuta pannil õli. Lisa mähitud munad ja prae keskmisel kuumusel kuldpruuniks. Serveeri kuumalt.

Malabar kuivatatud liha

4 portsjonit

Koostisained

675 g / 1½ naela veiseliha, tükeldatud

4 supilusikatäit rafineeritud taimeõli

3 suurt sibulat, viilutatud

1 tomat, tükeldatud

100 g / 3½ untsi kuivatatud kookospähklit

1 tl tšillipulbrit

1 tl garam masala

1 tl jahvatatud koriandrit

1 tl jahvatatud köömneid

soola maitse järgi

1 liiter vett

Vürtside segu jaoks:

3,5 cm / 1½ tolli ingverijuur

6 rohelist paprikat

1 spl jahvatatud koriandrit

10 karrilehte

1 spl küüslaugupastat

meetod

- Jahvatage kõik vürtsisegu koostisosad kokku, et moodustuks paks pasta. Marineeri liha selle seguga tund aega.
- Kuumuta pannil õli. Prae sibul keskmisel kuumusel kuldseks. Lisa liha ja prae 6-7 minutit.
- Lisa ülejäänud koostisosad. Küpseta 40 minutit ja serveeri kuumalt.

Moghlai lambalihakotletid

4 portsjonit

Koostisained

5 cm / 2 tolli. ingveri juurest

8 küüslauguküünt

6 kuivatatud punast paprikat

2 tl sidrunimahla

soola maitse järgi

8 lambaliha karbonaad, hakitud ja lapik

150 g / 5½ untsi ghee

2 suurt kartulit, viilutatud ja praetud

2 suurt sibulat

meetod

- Jahvata ingver, küüslauk ja punane pipar sidrunimahla, soola ja piisava koguse veega ühtlaseks pastaks. Marineerige karbonaad selle seguga 4-5 tundi.
- Kuumuta ghee pannil. Lisa marineeritud kotletid ja prae keskmisel kuumusel 8-10 minutit.
- Lisa sibul ja praekartul. Küpseta 15 minutit. Serveeri kuumalt.

Liha Okraga

4 portsjonit

Koostisained

4½ supilusikatäit rafineeritud taimeõli

200 g / 7 untsi okra

2 suurt sibulat, peeneks hakitud

2,5 cm / 1 tolli Ingveri juur, peeneks hakitud

4 hakitud küüslauguküünt

750 g / 1 nael 10 untsi veiseliha, hakitud 2,5 cm suurusteks tükkideks

4 kuivatatud punast paprikat

1 spl jahvatatud koriandrit

½ supilusikatäit jahvatatud köömneid

1 tl garam masala

2 tükeldatud tomatit

soola maitse järgi

1 liiter vett

meetod

- Kuumuta pannil 2 spl õli. Lisa okra ja prae keskmisel kuumusel krõbedaks ja kuldseks. Jookse ja broneeri.
- Kuumuta pannil ülejäänud õli. Prae sibul keskmisel kuumusel läbipaistvaks. Lisa ingver ja küüslauk. Prae minut aega.
- Lisa liha. Prae 5-6 minutit. Lisa kõik ülejäänud koostisosad ja okra. Keeda pidevalt segades 40 minutit. Serveeri kuumalt.

Veiseliha Baffad

(Kookose ja äädikaga keedetud veiseliha)

4 portsjonit

Koostisained

675 g / 1½ naela veiseliha, tükeldatud

soola maitse järgi

1 liiter vett

1 tl safranit

½ tl musta pipart

½ tl köömneid

5-6 nelki

2,5 cm / 1 in kaneeli

12 hakitud küüslauguküünt

2,5 cm / 1 tolli Ingveri juur, peeneks hakitud

100 g / 3½ untsi värsket kookospähklit, riivitud

6 supilusikatäit linnaseäädikat

5 supilusikatäit rafineeritud taimeõli

2 suurt sibulat, peeneks hakitud

meetod

- Sega liha soola ja veega ning küpseta pannil keskmisel kuumusel 45 minutit, aeg-ajalt segades. Pange see kõrvale.
- Jahvatage ülejäänud koostisosad, välja arvatud õli ja sibul.
- Kuumuta pannil õli. Lisa mulla segu ja sibulad.
- Prae keskmisel kuumusel 3-4 minutit. Lisa lihasegu. Keeda 20 minutit, aeg-ajalt segades. Serveeri kuumalt.

Badami Gosht

(Lambaliha mandlitega)

4 portsjonit

Koostisained

5 supilusikatäit gheed

3 suurt sibulat, peeneks hakitud

12 purustatud küüslauguküünt

3,5 cm / 1½ tolli Ingveri juur, peeneks hakitud

750 g / 1 nael 10 untsi lambaliha, hakitud

75 g / 2½ untsi jahvatatud mandleid

1 spl garam masala

soola maitse järgi

250 g jogurtit

360 ml / 12fl untsi kookospiima

500 ml / 16fl untsi vett

meetod

- Kuumuta pannil ghee. Lisa kõik koostisosad peale jogurti, kookospiima ja vee. Sega hästi. Hauta madalal kuumusel 10 minutit.
- Lisa ülejäänud koostisosad. Küpseta 40 minutit. Serveeri kuumalt.

India rostbiif

4 portsjonit

Koostisained

30 g riivitud Cheddari juustu

½ tl jahvatatud musta pipart

1 tl tšillipulbrit

10 g / ¼ untsi koriandri lehti, tükeldatud

10 g / ¼ untsi piparmündilehti, peeneks hakitud

1 tl ingveripastat

1 tl küüslaugupastat

25 g / 1 untsi riivsaia

1 lahtiklopitud muna

soola maitse järgi

675 g / 1½ naela kondita veiseliha, lapik ja lõigatud 8 tükiks

5 supilusikatäit rafineeritud taimeõli

500 ml / 16fl untsi vett

meetod

- Sega kõik koostisosad, välja arvatud liha, õli ja vesi.
- Kandke see segu iga lihatüki ühele küljele. Rulli igaüks kokku ja seo nööriga kinni.
- Kuumuta pannil õli. Lisa rullid ja prae keskmisel kuumusel 8 minutit. Lisa vesi ja sega korralikult läbi. Küpseta 30 minutit. Serveeri kuumalt.

Khatta Pudina kotletid

(Vürtsikad piparmündikotletid)

4 portsjonit

Koostisained

1 tl jahvatatud köömneid

1 spl jahvatatud valget pipart

2 tl garam masala

5 tl sidrunimahla

4 supilusikatäit ühe koort

150 g / 5½ untsi jogurtit

250 ml / 8fl untsi piparmündi chutney

2 spl maisijahu

¼ väikest papaiat, purustatud

1 spl küüslaugupastat

1 spl ingveripastat

1 tl jahvatatud lambaläätse

soola maitse järgi

675 g / 1½ naela lambalihakotletid

Pesemiseks rafineeritud taimeõli

meetod
- Sega kõik koostisosad, välja arvatud lambaliha ja õli. Marineerige karbonaad selles segus 5 tundi.
- Nirista kotletid oliiviõliga ja grilli 15 minutit. Serveeri kuumalt.

India praad

4 portsjonit

Koostisained

675 g / 1½ naela liha, viilutatud praadide jaoks

3,5 cm / 1½ tolli Ingveri juur, peeneks hakitud

12 hakitud küüslauguküünt

2 spl jahvatatud musta pipart

4 keskmise suurusega sibulat, hakitud

4 rohelist paprikat, peeneks hakitud

3 supilusikatäit äädikat

750 ml / 1¼ pinti vett

soola maitse järgi

5 spl rafineeritud taimeõli pluss lisa praadimiseks

meetod

- Sega pannil kõik koostisosad, välja arvatud praadimiseks mõeldud õli.
- Kata tiheda kaanega ja küpseta 45 minutit, aeg-ajalt segades.
- Kuumuta pannil ülejäänud õli. Lisa küpsetatud steiki segu ja prae keskmisel kuumusel 5-7 minutit, aeg-ajalt keerates. Serveeri kuumalt.

Lambaliha rohelises kastmes

4 portsjonit

Koostisained

4 supilusikatäit rafineeritud taimeõli

3 suurt sibulat, riivitud

1½ tl ingveripastat

1 tl küüslaugupastat

675 g / 1½ naela lambaliha, hakitud 2,5 cm suurusteks tükkideks

½ tl kaneelipulbrit

½ tl jahvatatud nelki

½ tl jahvatatud musta kardemoni

6 kuivatatud punast paprikat, jahvatatud

2 tl jahvatatud koriandrit

½ tl jahvatatud köömneid

10 g / ¼ untsi koriandri lehti, peeneks hakitud

4 tomatit, püreestatud

soola maitse järgi

500 ml / 16fl untsi vett

meetod

- Kuumuta pannil õli. Lisa sibul, ingveripasta ja küüslaugupasta. Prae keskmisel kuumusel 2-3 minutit.

- Lisage kõik ülejäänud koostisosad, välja arvatud vesi. Sega korralikult läbi ja prae 8-10 minutit. Lisa vesi. Kata kaanega ja küpseta 40 minutit, aeg-ajalt segades. Serveeri kuumalt.

Lihtne lambahakkliha

4 portsjonit

Koostisained

3 spl sinepiõli

2 suurt sibulat, peeneks hakitud

7,5 cm / 3 tolli juur ingver, peeneks hakitud

2 tl jämedalt jahvatatud musta pipart

2 tl jahvatatud köömneid

soola maitse järgi

1 tl safranit

750 g / 1 nael 10 untsi hakkliha

500 ml / 16fl untsi vett

meetod

- Kuumuta pannil õli. Lisa sibul, ingver, pipar, köömnepulber, sool ja kurkum. Prae 2 minutit. Lisa hakkliha. Prae 8-10 minutit.
- Lisa vesi. Sega hästi ja küpseta 30 minutit. Serveeri kuumalt.

Sealiha Sorpotel

(Goani kastmes keedetud seamaks)

4 portsjonit

Koostisained

250 ml / 8fl oz linnaseäädikat

8 kuivatatud punast paprikat

10 tera musta pipart

1 tl köömneid

1 spl koriandri seemneid

1 tl safranit

500 g / 1 nael 2 untsi sealiha

250 g / 9 untsi maksa

soola maitse järgi

1 liiter vett

120 ml / 4fl untsi rafineeritud taimeõli

5 cm / 2 tolli. Ingveri juur, peeneks viilutatud

20 hakitud küüslauguküünt

6 rohelist paprikat, lõigatud pikuti

meetod

- Jahvata pool äädikast koos punase pipra, pipra, köömnete, koriandriseemnete ja kurkumiga peeneks pastaks. Pange see kõrvale.
- Sega sealiha ja maks soola ja veega. Küpseta pannil 30 minutit. Nõruta ja varu varu. Lõika sealiha ja maks kuubikuteks. Pange see kõrvale.
- Kuumuta pannil õli. Lisa hakkliha ja prae tasasel tulel 12 minutit. Lisage pasta ja kõik ülejäänud koostisosad. Sega hästi.
- Prae 15 minutit. Lisa varu. Küpseta 15 minutit. Serveeri kuumalt.

konserv lambaliha

4 portsjonit

Koostisained

750 g / 1 nael 10 untsi lambaliha, hakitud õhukesteks ribadeks

soola maitse järgi

1 liiter vett

6 supilusikatäit rafineeritud taimeõli

1 tl safranit

4 supilusikatäit sidrunimahla

2 spl jahvatatud köömneid, kuivröstitud

4 spl jahvatatud seesamiseemneid

7,5 cm / 3 tolli juur ingver, peeneks hakitud

12 hakitud küüslauguküünt

meetod

- Sega lambaliha soola ja veega ning küpseta pannil keskmisel kuumusel 40 minutit. Jookse ja broneeri.
- Kuumuta pannil õli. Lisa lambaliha ja prae keskmisel kuumusel 10 minutit. Nõruta ja sega ülejäänud koostisosadega. Serveeri külmalt.

haleem

(Pärsia stiilis hautatud lambaliha)

4 portsjonit

Koostisained

500 g / 1 nael 2 untsi nisu, leotatud 2–3 tundi ja nõrutatud

1,5 liitrit / 2¾ pinti vett

soola maitse järgi

500 g / 1 nael 2 untsi lambaliha, hakitud

4-5 supilusikatäit gheed

3 suurt sibulat, viilutatud

1 tl ingveripastat

1 tl küüslaugupastat

1 tl safranit

1 tl garam masala

meetod

- Sega nisu 250 ml vee ja vähese soolaga. Küpseta pannil keskmisel kuumusel 30 minutit. Armasta hästi ja broneeri.
- Küpseta lambaliha koos ülejäänud vee ja soolaga pannil 45 minutit. Nõruta ja jahvata peeneks pastaks. Broneeri varu.
- Kuumuta ghee. Prae sibul madalal kuumusel kuldseks. Lisa ingveripasta, küüslaugupasta, kurkum ja veisehakk. Prae 8 minutit. Lisa nisu, puljong ja garam masala. Küpseta 20 minutit. Serveeri kuumalt.

Lambakotletid Masala Verde

4 portsjonit

Koostisained

675 g / 1½ naela lambaliha

soola maitse järgi

1 tl safranit

500 ml / 16fl untsi vett

2 spl jahvatatud koriandrit

1 tl jahvatatud köömneid

1 spl ingveripastat

1 spl küüslaugupastat

100 g / 3½ untsi koriandri lehti, jahvatatud

1 tl sidrunimahla

1 tl jahvatatud musta pipart

1 tl garam masala

60 g / 2 untsi tavalist valget jahu

Rafineeritud taimeõli praadimiseks

2 lahtiklopitud muna

50 g / 1¾ untsi riivsaia

meetod

- Sega lambaliha soola, safrani ja veega. Küpseta pannil keskmisel kuumusel 30 minutit. Jookse ja broneeri.
- Sega ülejäänud koostisosad, välja arvatud jahu, õli, munad ja riivsai.
- Kata kotletid selle seguga ja puista üle jahuga.
- Kuumuta pannil õli. Kasta kotletid munasse, veereta riivsaias ja prae kuldpruuniks. Pöörake ja korrake. Serveeri kuumalt.

Fenugreek lambamaks

4 portsjonit

Koostisained

4 supilusikatäit rafineeritud taimeõli

2 suurt sibulat, peeneks hakitud

¾ tl ingveripastat

¾ tl küüslaugupastat

50 g / 1¾ untsi lambaläätse lehti, tükeldatud

600 g / 1 nael 5 untsi lambamaksa, hakitud

3 tomatit, peeneks hakitud

1 tl garam masala

120 ml / 4fl untsi kuuma vett

1 spl sidrunimahla

soola maitse järgi

meetod

- Kuumuta pannil õli. Prae sibul keskmisel kuumusel läbipaistvaks. Lisa ingveripasta ja küüslaugupasta. Prae 1-2 minutit.
- Lisa lambaläätse lehed ja maks. Prae 5 minutit.
- Lisa ülejäänud koostisosad. Küpseta 40 minutit ja serveeri kuumalt.

Hussaini veiseliha

(Põhja-India stiilis kastmes keedetud veiseliha)

4 portsjonit

Koostisained

4 supilusikatäit rafineeritud taimeõli

675 g / 1½ naela veiseliha, peeneks hakitud

125 g / 4½ untsi jogurtit

soola maitse järgi

750 ml / 1¼ pinti vett

Vürtside segu jaoks:

4 suurt sibulat

8 küüslauguküünt

2,5 cm / 1 tolli ingverijuur

2 tl garam masala

1 tl safranit

2 tl jahvatatud koriandrit

1 tl jahvatatud köömneid

meetod

- Jahvata vürtsisegu koostisosad paksuks pastaks.
- Kuumuta pannil õli. Lisa pasta ja prae keskmisel kuumusel 4-5 minutit. Lisa liha. Sega korralikult läbi ja prae 8-10 minutit.
- Lisa jogurt, sool ja vesi. Sega hästi. Kata kaanega ja küpseta 40 minutit, aeg-ajalt segades. Serveeri kuumalt.

Lambaliha Methi

(Lambaliha lambaläätsega)

4 portsjonit

Koostisained

120 ml / 4fl untsi rafineeritud taimeõli

1 suur sibul, lõigatud õhukesteks viiludeks

6 hakitud küüslauguküünt

600 g / 1 nael 5 untsi lambaliha, hakitud

50 g / 1¾ untsi värskeid lambaläätse lehti, peeneks hakitud

½ tl safranit

1 tl jahvatatud koriandrit

125 g / 4½ untsi jogurtit

600 ml / 1 liiter vett

½ tl jahvatatud rohelist kardemoni

soola maitse järgi

meetod

- Kuumuta pannil õli. Lisa sibul ja küüslauk ning prae keskmisel kuumusel 4 minutit.
- Lisa lambaliha. Prae 7-8 minutit. Lisa ülejäänud koostisosad. Sega hästi ja küpseta 45 minutit. Serveeri kuumalt.

Veiseliha Indad

(Ida-India stiilis kastmes keedetud veiseliha)

4 portsjonit

Koostisained

675 g / 1½ naela veiseliha, hakkliha

2,5 cm / 1 in kaneeli

6 nelki

soola maitse järgi

1 liiter vett

5 supilusikatäit rafineeritud taimeõli

3 suurt kartulit, viilutatud

Vürtside segu jaoks:

60 ml / 2fl untsi linnaseäädikat

3 suurt sibulat

2,5 cm / 1 tolli ingverijuur

8 küüslauguküünt

½ tl safranit

2 kuivatatud punast paprikat

2 tl köömneid

meetod

- Sega liha kaneeli, nelgi, soola ja veega. Küpseta pannil keskmisel kuumusel 45 minutit. Pange see kõrvale.
- Jahvata vürtsisegu koostisosad paksuks pastaks.
- Kuumuta pannil õli. Lisa vürtsisegupasta ja prae madalal kuumusel 5-6 minutit. Lisa liha ja kartul. Sega hästi. Küpseta 15 minutit ja serveeri kuumalt.

lambaliha pajaroog

4 portsjonit

Koostisained

3 supilusikatäit rafineeritud taimeõli

2 suurt sibulat, peeneks hakitud

4 hakitud küüslauguküünt

500 g / 1 nael 2 untsi lambaliha, hakitud

2 tl jahvatatud köömneid

6 supilusikatäit tomatipüreed

150 g / 5½ untsi konserveeritud ube

250 ml / 8fl oz veiselihapuljong

Jahvatatud must pipar maitse järgi

soola maitse järgi

meetod

- Kuumuta pannil õli. Lisa sibul ja küüslauk ning prae keskmisel kuumusel 2-3 minutit. Lisa hakkliha ja prae 10 minutit. Lisa ülejäänud koostisosad. Sega hästi ja küpseta 30 minutit.
- Viige üle tulekindlasse. Küpseta 180°C (350°F, gaasimärk 4) 25 minutit. Serveeri kuumalt.

Lambaliha kardemoni maitsega

4 portsjonit

Koostisained

soola maitse järgi

200 g / 7 untsi jogurtit

1½ supilusikatäit ingveripastat

2½ tl küüslaugupastat

2 spl jahvatatud rohelist kardemoni

675 g / 1½ naela lambaliha, hakitud 3,5 cm / 1½ tolli tükkideks

6 supilusikatäit ghee'd

6 nelki

7,5 cm / 3 tolli kaneeli, jämedalt jahvatatud

4 suurt sibulat, peeneks viilutatud

½ tl kurkumit, leotatud 2 spl piimas

1 liiter vett

125 g / 4½ untsi röstitud kreeka pähkleid

meetod

- Sega sool, jogurt, ingveripasta, küüslaugupasta ja kardemon. Marineerige liha selle seguga 2 tundi.
- Kuumuta pannil ghee. Lisa nelk ja kaneel. Laske neil 15 sekundit lobiseda.
- Lisa sibulad. Prae 3-4 minutit. Lisa marineeritud liha, safran ja vesi. Sega hästi. Kata kaanega ja küpseta 40 minutit.
- Serveeri kuumalt, kaunistatud kreeka pähklitega.

Kheema

(Hakkliha)

4 portsjonit

Koostisained

5 supilusikatäit rafineeritud taimeõli

4 suurt sibulat, peeneks hakitud

1 tl ingveripastat

1 tl küüslaugupastat

3 tomatit, peeneks hakitud

2 tl garam masala

200 g / 7 untsi külmutatud herneid

soola maitse järgi

675 g / 1½ naela veiseliha, hakkliha

500 ml / 16fl untsi vett

meetod

- Kuumuta pannil õli. Lisa sibul ja prae keskmisel kuumusel kuldseks. Lisa ingveripasta, küüslaugupasta, tomatid, garam masala, herned ja sool. Sega hästi. Prae 3-4 minutit.
- Lisa liha ja vesi. Sega hästi. Küpseta 40 minutit ja serveeri kuumalt.

Vürtsikas sealiha Frittata

4 portsjonit

Koostisained

675 g / 1½ naela sealiha, tükeldatud

2 suurt sibulat, peeneks hakitud

1 tl rafineeritud taimeõli

1 liiter vett

soola maitse järgi

Vürtside segu jaoks:

250 ml / 8fl untsi äädikat

2 suurt sibulat

1 spl ingveripastat

1 spl küüslaugupastat

1 spl jahvatatud musta pipart

1 supilusikatäis rohelist pipart

1 supilusikatäis safranit

1 spl tšillipulbrit

1 supilusikatäis nelki

5 cm / 2 tolli kaneeli

1 spl rohelisi kardemoni kaunaid

meetod

- Jahvata vürtsisegu koostisosad paksuks pastaks.
- Sega kastrulis ülejäänud koostisosadega. Kata tiheda kaanega ja küpseta 50 minutit. Serveeri kuumalt.

Tandoori Raan

(Tandooris küpsetatud vürtsikas lambajalg)

4 portsjonit

Koostisained

675 g / 1½ naela lambakoiba

400 g jogurtit

2 supilusikatäit sidrunimahla

2 tl ingveripastat

2 tl küüslaugupastat

1 tl jahvatatud nelki

1 tl kaneelipulbrit

2 tl tšillipulbrit

1 tl riivitud muskaatpähklit

näputäis õuna

soola maitse järgi

Pesemiseks rafineeritud taimeõli

meetod

- Torka lambaliha kahvliga läbi.
- Sega ülejäänud koostisosad hästi, välja arvatud õli. Marineeri lambaliha selle seguga 4-6 tundi.
- Röstige lambaliha 180°C (350°F, Gas Mark 4) ahjus 1½-2 tundi, aeg-ajalt pesi. Serveeri kuumalt.

Lamb Talaa

(Praetud lambaliha)

4 portsjonit

Koostisained

675 g / 1½ naela lambaliha, hakitud 5 cm / 2 tolli tükkideks

soola maitse järgi

1 liiter vett

4 supilusikatäit ghee'd

2 suurt sibulat, viilutatud

Vürtside segu jaoks:

8 kuivatatud paprikat

1 tl safranit

1½ supilusikatäit garam masala

2 tl mooniseemneid

3 suurt sibulat, peeneks hakitud

1 tl tamarindipastat

meetod

- Jahvata vürtsisegu koostisained veega paksuks pastaks.
- Sega see pasta liha, soola ja veega. Küpseta pannil keskmisel kuumusel 40 minutit. Pange see kõrvale.
- Kuumuta pannil ghee. Lisa sibul ja prae keskmisel kuumusel kuldseks. Lisa lihasegu. Küpseta 6-7 minutit ja serveeri kuumalt.

keelepraad

4 portsjonit

Koostisained

900 g / 2 naela veiseliha

soola maitse järgi

1 liiter vett

1 tl ghee'd

3 suurt sibulat, peeneks hakitud

5 cm / 2 tolli. Ingveri juur, julienne

4 tükeldatud tomatit

125 g / 4½ untsi külmutatud herneid

10 g / ¼ untsi piparmündilehti, peeneks hakitud

1 tl linnaseäädikat

1 tl jahvatatud musta pipart

½ supilusikatäit garam masala

meetod

- Asetage keel soola ja veega pannile ning küpseta keskmisel kuumusel 45 minutit. Nõruta ja lase veidi jahtuda. Koori nahk ja lõika ribadeks. Pange see kõrvale.

- Kuumuta pannil ghee. Lisa sibul ja ingver ning prae keskmisel kuumusel 2-3 minutit. Lisa keedetud keel ja kõik ülejäänud koostisosad. Küpseta 20 minutit. Serveeri kuumalt.

Praetud lambaliharullid

4 portsjonit

Koostisained

75 g riivitud cheddari juustu

½ tl jahvatatud musta pipart

1 tl ingveripastat

1 tl küüslaugupastat

3 lahtiklopitud muna

50 g / 1¾oz koriandri lehti, hakitud

100 g / 3½ untsi riivsaia

soola maitse järgi

675 g / 1½ naela kondita lambaliha, hakitud 10 cm / 10 cm tükkideks ja lapikuks

4 supilusikatäit ghee'd

250 ml / 8fl untsi vett

meetod

- Sega kõik koostisosad, välja arvatud liha, ghee ja vesi. Määri segu lihatükkide ühele küljele. Rulli iga tükk tihedalt rulli ja seo nööriga kinni.
- Kuumuta ghee pannil. Lisa lambaliharullid ja prae keskmisel kuumusel kuldpruuniks. Lisa vesi. Küpseta 15 minutit ja serveeri kuumalt.

Masala maksapraad

4 portsjonit

Koostisained

4 supilusikatäit rafineeritud taimeõli

675 g / 1½ naela lambamaksa, lõigatud 5 cm / 2 tolli ribadeks

2 spl ingverit, julienne

15 hakitud küüslauguküünt

8 rohelist paprikat, lõigatud pikuti

2 tl jahvatatud köömneid

1 tl safranit

125 g / 4½ untsi jogurtit

1 tl jahvatatud musta pipart

soola maitse järgi

50 g / 1¾oz koriandri lehti, hakitud

1 sidruni mahl

meetod

- Kuumuta pannil õli. Lisa maksaribad ja prae keskmisel kuumusel 10-12 minutit.
- Lisa ingver, küüslauk, roheline pipar, köömned ja kurkum. Prae 3-4 minutit. Lisa jogurt, pipar ja sool. Prae 6-7 minutit.
- Lisa koriandrilehed ja laimimahl. Hauta tasasel tulel 5-6 minutit. Serveeri kuumalt.

vürtsikas veisekeel

4 portsjonit

Koostisained

900 g / 2 naela veiseliha

soola maitse järgi

1,5 liitrit / 2¾ pinti vett

2 tl köömneid

12 küüslauguküünt

5 cm / 2 tolli kaneeli

4 nelki

6 kuivatatud punast paprikat

8 musta pipart

6 supilusikatäit linnaseäädikat

3 supilusikatäit rafineeritud taimeõli

2 suurt sibulat, peeneks hakitud

3 tomatit, peeneks hakitud

1 tl safranit

meetod

- Keeda keelt koos soola ja 1,2 liitri veega pannil madalal kuumusel 45 minutit. Eemaldage nahk. Lõika keeled kuubikuteks ja tõsta kõrvale.
- Jahvatage köömned, küüslauk, kaneel, nelk, kuivatatud punane pipar ja pipraterad äädikaga ühtlaseks pastaks. Pange see kõrvale.
- Kuumuta pannil õli. Prae sibul keskmisel kuumusel läbipaistvaks. Lisa jahvatatud pasta, kuubikuteks lõigatud keel, tomatid, kurkum ja ülejäänud vesi. Küpseta 20 minutit ja serveeri kuumalt.

lambaliha pasandas

(Lambakebab jogurtikastmega)

4 portsjonit

Koostisained

½ supilusikatäit rafineeritud taimeõli

3 suurt sibulat, lõika pikuti

¼ väikest rohelist papaiat, purustatud

200 g / 7 untsi jogurtit

2 tl garam masala

soola maitse järgi

750 g / 1 nael 10 untsi kondita lambaliha, hakitud 5 cm suurusteks tükkideks

meetod

- Kuumuta pannil õli. Prae sibul madalal kuumusel kuldseks.
- Nõruta ja haki sibul pastaks. Sega teiste koostisosadega, välja arvatud lambalihaga. Marineeri lambaliha selles segus 5 tundi.
- Aseta pirukavormi ja küpseta 180°C (350°F, gaasimärk 4) 30 minutit. Serveeri kuumalt.

Lambaliha ja õunakarri

4 portsjonit

Koostisained

5 supilusikatäit rafineeritud taimeõli

4 suurt sibulat, viilutatud

4 suurt tomatit, blanšeeritud (vt toiduvalmistamise tehnikad)

½ tl küüslaugupastat

2 tl jahvatatud koriandrit

2 tl jahvatatud köömneid

1 tl tšillipulbrit

30g india pähkleid, jahvatatud

750 g / 1 nael 10 untsi kondita lambaliha, hakitud 2,5 cm suurusteks tükkideks

200 g / 7 untsi jogurtit

1 tl jahvatatud musta pipart

soola maitse järgi

750 ml / 1¼ pinti vett

4 õuna, hakitud 1½-tollisteks / 3,5 cm tükkideks

120 ml / 4fl untsi värsket ühekordset kreemi

meetod

- Kuumuta pannil õli. Prae sibul madalal kuumusel kuldseks.
- Lisa tomatid, küüslaugupasta, koriander ja köömned. Prae 5 minutit.
- Lisa ülejäänud koostisosad, välja arvatud vesi, õunad ja koor. Sega hästi ja prae 8–10 minutit.
- Valage vette. Küpseta 40 minutit. Lisa õunad ja sega 10 minutit. Lisa koor ja sega veel 5 minutit. Serveeri kuumalt.

Andhra stiilis kuiv lambaliha

4 portsjonit

Koostisained

675 g / 1½ naela lambaliha, hakitud

4 suurt sibulat, peeneks viilutatud

6 tomatit, peeneks hakitud

1½ tl ingveripastat

1½ tl küüslaugupastat

50 g / 1¾oz värsket kookospähklit, riivitud

2½ supilusikatäit garam masala

½ tl jahvatatud musta pipart

1 tl safranit

soola maitse järgi

500 ml / 16fl untsi vett

6 supilusikatäit rafineeritud taimeõli

meetod

- Sega kõik koostisosad, välja arvatud õli, omavahel. Küpseta pannil keskmisel kuumusel 40 minutit. Nõruta liha ja visake puljong ära.
- Kuumuta teisel pannil õli. Lisa keedetud liha ja prae keskmisel kuumusel 10 minutit. Serveeri kuumalt.

Lihtne veiseliha karri

4 portsjonit

Koostisained

3 supilusikatäit rafineeritud taimeõli

2 suurt sibulat, peeneks hakitud

750 g / 1 nael 10 untsi veiseliha, hakitud 2,5 cm suurusteks tükkideks

1 tl ingveripastat

1 tl küüslaugupastat

1 tl tšillipulbrit

½ tl safranit

soola maitse järgi

300 g / 10 untsi jogurtit

1,2 liitrit / 2 liitrit vett

meetod

- Kuumuta pannil õli. Prae sibul madalal kuumusel kuldseks.
- Lisa ülejäänud koostisosad, välja arvatud jogurt ja vesi. Prae 6-7 minutit. Lisa jogurt ja vesi. Küpseta 40 minutit. Serveeri kuumalt.

jumal korma

(rikas lambaliha kastmes)

4 portsjonit

Koostisained

3 supilusikatäit mooniseemneid

75 g / 2½ untsi india pähkleid

50 g / 1¾ untsi kuivatatud kookospähklit

3 supilusikatäit rafineeritud taimeõli

1 suur sibul, lõigatud õhukesteks viiludeks

2 supilusikatäit ingveripastat

2 supilusikatäit küüslaugupastat

675 g / 1½ naela kondita lambaliha, hakitud

200 g / 7 untsi jogurtit

10 g / ¼ untsi koriandri lehti, tükeldatud

10 g / ¼ untsi piparmündilehti, tükeldatud

½ tl garam masala

soola maitse järgi

1 liiter vett

meetod

- Kuivatatud röstitud mooniseemned, india pähklid ja kookospähkel. Jahvata nii palju vett, et moodustuks paks pasta. Pange see kõrvale.
- Kuumuta pannil õli. Prae sibulat, ingveripastat ja küüslaugupastat keskmisel kuumusel 1-2 minutit.
- Lisa mooniseemne- ja india pähklipasta ning ülejäänud koostisosad, välja arvatud vesi. Sega hästi ja prae 5-6 minutit.
- Lisa vesi. Keeda pidevalt segades 40 minutit. Serveeri kuumalt.

erachi karbonaad

(Õrnad lambalihakotletid)

4 portsjonit

Koostisained

750 g / 1 nael 10 untsi lambaliha

soola maitse järgi

1 tl safranit

1 liiter vett

2 spl rafineeritud taimeõli

1 tl ingveripastat

1 tl küüslaugupastat

3 suurt sibulat, viilutatud

5 rohelist paprikat, lõigatud pikuti

2 suurt tomatit, peeneks hakitud

½ tl jahvatatud koriandrit

1 spl jahvatatud musta pipart

1 spl sidrunimahla

2 spl koriandri lehti, hakitud

meetod

- Marineeri lambalihakotlette soola ja safraniga 2-3 tundi.
- Keeda liha koos veega madalal kuumusel 40 minutit. Pange see kõrvale.
- Kuumuta pannil õli. Lisa ingveripasta, küüslaugupasta, sibul ja roheline pipar ning prae segades keskmisel kuumusel 3-4 minutit.
- Lisa tomatid, jahvatatud koriander ja pipar. Sega hästi. Prae 5-6 minutit. Lisa lambaliha ja prae 10 minutit.
- Kaunista sidrunimahla ja koriandrilehtedega. Serveeri kuumalt.

röstitud veisehakkliha

4 portsjonit

Koostisained

3 supilusikatäit rafineeritud taimeõli

2 suurt sibulat, peeneks hakitud

6 hakitud küüslauguküünt

600 g / 1 nael 5 untsi lambaliha, hakitud

2 tl jahvatatud köömneid

125 g / 4½ untsi tomatipüreed

Konserveeritud oad 600 g / 1 nael 5 untsi

Lambaliha 500 ml / 16fl oz

½ tl jahvatatud musta pipart

soola maitse järgi

meetod

- Kuumuta pannil õli. Lisa sibul ja küüslauk. Prae madalal kuumusel 2-3 minutit. Lisa ülejäänud koostisosad. Küpseta 30 minutit.
- Tõsta ahjuvormi ja küpseta temperatuuril 400 °F (200 °C, gaasimärk 6) 25 minutit. Serveeri kuumalt.

Kaleji Do Pyaaza

(Maks sibulaga)

4 portsjonit

Koostisained

4 supilusikatäit ghee'd

3 suurt sibulat, peeneks hakitud

2,5 cm / 1 tolli Ingveri juur, peeneks hakitud

10 hakitud küüslauguküünt

4 rohelist paprikat, lõigatud pikuti

1 tl safranit

3 tomatit, peeneks hakitud

750 g / 1 nael 10 untsi lambamaksa, tükeldatud

2 tl garam masala

200 g / 7 untsi jogurtit

soola maitse järgi

250 ml / 8fl untsi vett

meetod

- Kuumuta pannil ghee. Lisa sibul, ingver, küüslauk, roheline pipar ja kurkum ning prae keskmisel kuumusel 3-4 minutit. Lisage kõik ülejäänud koostisosad, välja arvatud vesi. Sega hästi. Prae 7-8 minutit.
- Lisa vesi. Keeda 30 minutit, aeg-ajalt segades. Serveeri kuumalt.

Lambaliha luu peal

4 portsjonit

Koostisained

30 g / 1 untsi piparmündilehti, peeneks hakitud

3 rohelist paprikat, peeneks hakitud

12 hakitud küüslauguküünt

1 sidruni mahl

675 g / 1½ naela lambakoiba, hakitud 4 tükiks

5 supilusikatäit rafineeritud taimeõli

soola maitse järgi

500 ml / 16fl untsi vett

1 suur sibul, peeneks hakitud

4 suurt kartulit, lõigatud kuubikuteks

5 väikest baklažaani, poolitatud

3 tomatit, peeneks hakitud

meetod

- Jahvata piparmündilehed, roheline pipar ja küüslauk piisava koguse veega ühtlaseks pastaks. Lisa sidrunimahl ja sega korralikult läbi.
- Lase lihal selles segus 30 minutit marineerida.
- Kuumuta pannil õli. Lisa marineeritud liha ja prae tasasel tulel 8-10 minutit. Lisa sool ja vesi ning keeda 30 minutit.
- Lisa kõik ülejäänud koostisosad. Küpseta 15 minutit ja serveeri kuumalt.

veiseliha vindaloo

(Goa veise karri)

4 portsjonit

Koostisained

3 suurt sibulat, peeneks hakitud

5 cm / 2 tolli. ingveri juurest

10 küüslauguküünt

1 spl köömneid

½ supilusikatäit jahvatatud koriandrit

2 tl punast pipart

½ tl lambaläätse seemneid

½ tl sinepiseemneid

60 ml / 2fl untsi linnaseäädikat

soola maitse järgi

675 g / 1½ naela kondita veiseliha, lõigatud 2,5 cm tükkideks

3 supilusikatäit rafineeritud taimeõli

1 liiter vett

meetod

- Jahvatage kõik koostisosad, välja arvatud liha, õli ja vesi, kuni saadakse paks pasta. Marineerige liha selle pastaga 2 tundi.
- Kuumuta pannil õli. Lisa marineeritud liha ja hauta tasasel tulel 7-8 minutit. Lisa vesi. Keeda 40 minutit, aeg-ajalt segades. Serveeri kuumalt.

veiseliha karri

4 portsjonit

Koostisained

4 supilusikatäit rafineeritud taimeõli

3 suurt sibulat, riivitud

1½ supilusikatäit jahvatatud köömneid

1 tl safranit

1 tl tšillipulbrit

½ supilusikatäit jahvatatud musta pipart

4 keskmise suurusega tomatit, püreestatud

675 g / 1½ naela lahja veiseliha, hakitud 2,5 cm suurusteks tükkideks

soola maitse järgi

1½ tl kuivatatud lambaläätse lehti

250 ml / 8fl untsi ühekordne kreem

meetod

- Kuumuta pannil õli. Lisa sibul ja prae keskmisel kuumusel kuldseks.
- Lisa ülejäänud koostisosad, välja arvatud lambaläätse lehed ja koor.
- Sega hästi ja küpseta 40 minutit. Lisa lambaläätse lehed ja koor. Küpseta 5 minutit ja serveeri kuumalt.

lambaliha kõrvitsaga

4 portsjonit

Koostisained

750 g / 1 nael 10 untsi lambaliha, hakitud

200 g / 7 untsi jogurtit

soola maitse järgi

2 suurt sibulat

2,5 cm / 1 tolli ingverijuur

7 küüslauguküünt

5 supilusikatäit gheed

¾ tl safranit

1 tl garam masala

2 loorberilehte

750 ml / 1¼ pinti vett

400 g / 14 untsi kõrvitsat, keedetud ja purustatud

meetod

- Marineerige lambaliha jogurti ja soolaga 1 tund.
- Jahvatage sibul, ingver ja küüslauk nii palju vett, et tekiks paks pasta. Kuumuta pannil ghee. Lisa pasta koos safraniga ja prae 3-4 minutit.
- Lisa garam masala, loorberilehed ja lambaliha. Prae 10 minutit.
- Lisa vesi ja kõrvits. Küpseta 40 minutit ja serveeri kuumalt.

gushtaba

(Kashmiri stiilis lambaliha)

4 portsjonit

Koostisained

675 g / 1½ naela kondita lambaliha

6 kapslit musta kardemoni

soola maitse järgi

4 supilusikatäit ghee'd

4 suurt sibulat, lõigatud rõngasteks

600 g / 1 nael 5 untsi jogurtit

1 tl jahvatatud apteegitilli seemneid

1 spl kaneelipulbrit

1 spl jahvatatud nelki

1 spl purustatud piparmündilehti

meetod

- Klopi lambaliha kardemoni ja soolaga pehmeks. Jaga 12 palliks ja tõsta kõrvale.
- Kuumuta pannil ghee. Prae sibul madalal kuumusel kuldseks. Lisa jogurt ja küpseta pidevalt segades 8–10 minutit.
- Lisa lihapallid ja kõik ülejäänud koostisosad peale piparmündilehtede. Küpseta 40 minutit. Serveeri piparmündilehtedega.

Lambaliha köögiviljade ja ürtidega

4 portsjonit

Koostisained

5 supilusikatäit rafineeritud taimeõli

3 suurt sibulat, peeneks hakitud

750 g / 1 nael 10 untsi lambaliha, hakitud

50 g / 1 50 untsi amarandi lehti*, peeneks hakitud

100 g / 3½ untsi spinatilehti, peeneks hakitud

50 g / 1¾ untsi lambaläätse lehti, tükeldatud

50 g / 1¾oz tillilehti, peeneks hakitud

50 g / 1¾oz koriandri lehti, hakitud

1 tl ingveripastat

1 tl küüslaugupastat

3 rohelist paprikat, peeneks hakitud

1 tl safranit

2 tl jahvatatud koriandrit

1 tl jahvatatud köömneid

soola maitse järgi

1 liiter vett

meetod

- Kuumuta pannil õli. Prae sibul keskmisel kuumusel kuldseks. Lisa ülejäänud koostisosad, välja arvatud vesi. Prae 12 minutit.
- Lisa vesi. Küpseta 40 minutit ja serveeri kuumalt.

sidrunine lambaliha

4 portsjonit

Koostisained

Lambaliha 750 g / 1 nael 10 untsi, hakitud 2,5 cm tükkideks

2 tükeldatud tomatit

4 rohelist paprikat, peeneks hakitud

1 tl ingveripastat

1 tl küüslaugupastat

2 tl garam masala

125 g / 4½ untsi jogurtit

500 ml / 16fl untsi vett

soola maitse järgi

1 spl rafineeritud taimeõli

10 šalottsibulat

3 supilusikatäit sidrunimahla

meetod

- Viska lambaliha koos kõigi ülejäänud koostisosadega, välja arvatud õli, šalottsibul ja sidrunimahl. Küpseta pannil keskmisel kuumusel 45 minutit. Pange see kõrvale.

- Kuumuta pannil õli. Prae šalottsibulat madalal kuumusel 5 minutit.
- Sega lambakarreega ja piserda peale sidrunimahla. Serveeri kuumalt.

Lambapasanda mandlitega

(Lambaliha tükid mandlitega jogurtikastmes)

4 portsjonit

Koostisained

120 ml / 4fl untsi rafineeritud taimeõli

4 suurt sibulat, peeneks hakitud

750 g / 1 nael 10 untsi kondita lambaliha, hakitud 5 cm suurusteks tükkideks

3 tomatit, peeneks hakitud

1 tl ingveripastat

1 tl küüslaugupastat

2 tl jahvatatud köömneid

1½ tl garam masala

soola maitse järgi

200 g / 7 untsi Kreeka jogurtit

750 ml / 1¼ pinti vett

25 mandlit, jämedalt hakitud

meetod

- Kuumuta pannil õli. Lisa sibul ja prae madalal kuumusel 6 minutit. Lisa lambaliha ja prae segades 8–10 minutit. Lisage teised koostisosad, välja arvatud jogurt, vesi ja mandlid. Prae 5-6 minutit.
- Lisa jogurt, vesi ja pool mandlitest. Keeda pidevalt segades 40 minutit. Serveeri ülejäänud mandlitega üle puistatuna.

Praetud sealihavorst pipraga

4 portsjonit

Koostisained

2 supilusikatäit õli

1 suur sibul, viilutatud

400g / 14oz sealihavorsti

1 roheline paprika, julienne

1 kartul, keedetud ja tükeldatud

½ tl ingveripastat

½ tl küüslaugupastat

½ tl tšillipulbrit

¼ tl safranit

10 g / ¼ untsi koriandri lehti, tükeldatud

soola maitse järgi

4 supilusikatäit vett

meetod

- Kuumuta pannil õli. Lisa sibul ja prae minut aega. Alanda kuumust ja lisa kõik muud koostisosad peale vee. Prae õrnalt 10-15 minutit, kuni vorstid on küpsed.
- Lisa vesi ja keeda tasasel tulel 5 minutit. Serveeri kuumalt.

Lambaliha Shah Jahan

(Rikkas Moghlai kastmes hautatud lambaliha)

4 portsjonit

Koostisained

5-6 supilusikatäit ghee'd

4 suurt sibulat, viilutatud

675 g / 1½ naela lambaliha, hakitud

1 liiter vett

soola maitse järgi

8-10 mandlit, purustatud

Vürtside segu jaoks:

8 küüslauguküünt

2,5 cm / 1 tolli ingverijuur

2 tl mooniseemneid

50 g / 1¾oz koriandri lehti, hakitud

5 cm / 2 tolli kaneeli

4 nelki

meetod

- Jahvata vürtsisegu koostisosad pastaks. Pange see kõrvale.
- Kuumuta pannil ghee. Prae sibul madalal kuumusel kuldseks.
- Lisa vürtsisegu pasta. Prae 5-6 minutit. Lisa lambaliha ja prae 18-20 minutit. Lisa vesi ja sool. Küpseta 30 minutit.
- Kaunista mandlitega ja serveeri kuumalt.

kala kebab

4 portsjonit

Koostisained

1kg / 2¼lb mõõkkala, nülitud ja fileeritud

4 spl rafineeritud taimeõli pluss lisa praadimiseks

75 g / 2½ untsi chana dhal*, leotatud 250 ml / 9 untsi vees 30 minutit

3 nelki

½ tl köömneid

2,5 cm / 1 tolli Ingveri juur, riivitud

10 küüslauguküünt

2,5 cm / 1 in kaneeli

2 kapslit musta kardemoni

8 musta pipart

4 kuivatatud punast paprikat

¾ tl safranit

1 spl kreeka jogurtit

1 tl mustköömne seemneid

Täidise jaoks:

2 kuivatatud viigimarja, peeneks hakitud

4 kuivatatud aprikoosi, tükeldatud

1 sidruni mahl

10 g / ¼ untsi piparmündilehti, peeneks hakitud

10 g / ¼ untsi koriandri lehti, peeneks hakitud

soola maitse järgi

meetod

- Küpseta kala aurutisel keskmisel kuumusel 10 minutit. Pange see kõrvale.

- Kuumuta pannil 2 spl õli. Nõruta dhal ja prae seda keskmisel kuumusel kuldpruuniks.

- Sega dhal nelgi, köömnete, ingveri, küüslaugu, kaneeli, kardemoni, pipratera, punase pipra, kurkumi, jogurti ja mustköömne seemnetega. Jahvata see segu piisava koguse veega ühtlaseks pastaks. Pange see kõrvale.

- Kuumuta pannil 2 spl õli. Lisa see pasta ja prae keskmisel kuumusel 4-5 minutit.

- Lisa aurutatud kala. Sega hästi ja sega 2 minutit.

- Jaga segu 8 ossa ja vormi hamburgeriteks. Pange see kõrvale.

- Sega kõik täidise koostisosad. Jaga 8 portsjoniks.

- Tasandage pätsikesed ja asetage ettevaatlikult igaühele osa täidisest. Sulgege nagu kott ja rullige uuesti palliks. Patsuta palle.

- Kuumuta pannil praadimiseks mõeldud õli. Lisa burgerid ja prae neid keskmisel kuumusel kuldpruuniks. Pöörake ja korrake.

- Nõruta imaval paberil ja serveeri kuumalt.

Kalakotletid

4 portsjonit

Koostisained

500 g / 1 nael 2 untsi merikuradi saba, nahata ja fileeritud

500 ml / 16fl untsi vett

soola maitse järgi

1 spl rafineeritud taimeõli pluss lisa praadimiseks

1 spl ingveripastat

1 spl küüslaugupastat

1 suur sibul, peeneks riivitud

4 rohelist paprikat, riivitud

½ tl safranit

1 tl garam masala

1 tl jahvatatud köömneid

1 tl tšillipulbrit

1 tomat, blanšeeritud ja viilutatud

25 g / vähe 1 untsi koriandri lehti, peeneks hakitud

2 spl piparmündilehti, peeneks hakitud

400 g / 14 untsi keedetud herneid

2 leivaviilu, vees leotatud ja nõrutatud

50 g / 1¾ untsi riivsaia

meetod

- Pane kala koos veega pannile. Lisa sool ja hauta keskmisel kuumusel 20 minutit. Jookse ja broneeri.

- Täidise jaoks kuumuta pannil 1 spl õli. Lisa ingveripasta, küüslaugupasta ja sibul. Prae keskmisel kuumusel 2-3 minutit.

- Lisa roheline tšilli, kurkum, garam masala, köömnepulber ja tšillipulber. Prae minut aega.

- Lisa tomat. Prae 3-4 minutit.

- Lisa koriandrilehed, piparmündilehed, herned ja saiaviilud. Sega hästi. Keeda tasasel tulel 7-8 minutit, aeg-ajalt segades. Eemaldage tulelt ja sõtke segu korralikult läbi. Jaga 8 võrdseks osaks ja tõsta kõrvale.

- Püreesta keedetud kala ja jaga 8 portsjoniks.

- Vormi igast kalaportsjonist tassi ja täitke osa täidise seguga. Sulgege nagu kott, rullige palliks ja vormige kotlet. Korrake seda ülejäänud kala ja täidise puhul.

- Kuumuta pannil praadimiseks õli. Kasta karbonaad riivsaiasse ja prae keskmisel kuumusel kuldpruuniks. Serveeri kuumalt.

Kala Sookha

(Kuivatatud kala vürtsidega)

4 portsjonit

Koostisained

1 cm / ½ tolli ingverijuur

10 küüslauguküünt

1 spl koriandri lehti, peeneks hakitud

3 rohelist paprikat

1 tl safranit

3 tl tšillipulbrit

soola maitse järgi

1kg / 2¼lb mõõkkala, nülitud ja fileeritud

50 g / 1¾ untsi kuivatatud kookospähklit

6-7 kokum*, leotatud 1 tund 120 ml / 4fl untsi vees

4 supilusikatäit rafineeritud taimeõli

60 ml / 2fl untsi vett

meetod

- Sega ingver, küüslauk, koriandrilehed, roheline tšilli, kurkum, tšillipulber ja sool. Jahvatage seda segu, kuni see moodustab ühtlase pasta.

- Lase kalal koos pastaga 1 tund marineerida.

- Kuumuta pann. Lisa kookospähkel. Rösti kuivalt keskmisel kuumusel üks minut.

- Visake kokumi marjad ära ja lisage kokumi vesi. Sega hästi. Tõsta tulelt ja lisa see segu marineeritud kalale.

- Kuumuta pannil õli. Lisa kalasegu ja küpseta keskmisel kuumusel 4-5 minutit.

- Lisa vesi. Sega hästi. Kata kaanega ja küpseta aeg-ajalt segades 20 minutit.

- Serveeri kuumalt.

Mahya Kalia

(Kala kookose, seesamiseemnete ja maapähklitega)

4 portsjonit

Koostisained

100 g / 3½ untsi värsket kookospähklit, riivitud

1 tl seesamiseemneid

1 supilusikatäis maapähklit

1 supilusikatäis tamarindipastat

1 tl safranit

1 tl jahvatatud koriandrit

soola maitse järgi

250 ml / 8fl untsi vett

500 g / 1 nael 2 untsi mõõkkalafileed

1 spl hakitud koriandri lehti

meetod

- Kuivröstige kookospähkel, seesamiseemned ja maapähklid. Segage tamarindipasta, kurkumi, jahvatatud koriandri ja soolaga. Jahvata piisava koguse veega ühtlaseks pastaks.

- Keeda seda segu ülejäänud veega pannil keskmisel kuumusel pidevalt segades 10 minutit. Lisa kalafileed ja küpseta 10-12 minutit. Kaunista koriandrilehtedega ja serveeri kuumalt.

Krevettide karri Rosachi

(Kookosega keedetud krevetid)

4 portsjonit

Koostisained

200g / 7oz värsket kookospähklit, riivitud

5 punast paprikat

1½ tl koriandri seemneid

1½ tl mooniseemneid

1 tl köömneid

½ tl safranit

6 küüslauguküünt

120 ml / 4fl untsi rafineeritud taimeõli

2 suurt sibulat, peeneks hakitud

2 tükeldatud tomatit

250 g / 9 untsi krevette, kooritud ja soontega

soola maitse järgi

meetod

- Jahvata kookospähkel, tšillipipar, koriander, mooniseemned, köömned, kurkum ja küüslauk piisava koguse veega ühtlaseks pastaks. Pange see kõrvale.

- Kuumuta pannil õli. Prae sibul madalal kuumusel kuldseks.

- Lisa jahvatatud kookospiprapasta, tomatid, krevetid ja sool. Sega hästi. Keeda 15 minutit, aeg-ajalt segades. Serveeri kuumalt.

Datlite ja mandlitega täidetud kala

4 portsjonit

Koostisained

4 forelli, igaüks 250g / 9oz, vertikaalselt viilutatud

½ tl tšillipulbrit

1 tl ingveripastat

250 g / 9 untsi seemneteta värskeid datleid, blanšeeritud ja peeneks hakitud

75 g / 2½ untsi mandleid, blanšeeritud ja peeneks hakitud

2-3 supilusikatäit aurutatud riisi (vt siin)

1 tl suhkrut

¼ teelusikatäit kaneelipulbrit

½ tl jahvatatud musta pipart

soola maitse järgi

1 suur sibul, lõigatud õhukesteks viiludeks

meetod

- Marineerige kala tšillipulbri ja ingveripastaga 1 tund.

- Sega datlid, mandlid, riis, suhkur, kaneel, pipar ja sool. Sõtku, kuni moodustub pehme tainas. Pange see kõrvale.

- Topi datli-mandli küpsetis marineeritud kala piludesse. Aseta täidetud kala alumiiniumfooliumilehele ja puista peale sibul.

- Mähi kala ja sibul alumiiniumfooliumi sisse ja sulge servad hästi.

- Küpseta 200°C (400°F, Gas Mark 6) 15-20 minutit. Keera foolium lahti ja küpseta kala veel 5 minutit. Serveeri kuumalt.

Tandoori kala

4 portsjonit

Koostisained

1 tl ingveripastat

1 tl küüslaugupastat

½ tl garam masala

1 tl tšillipulbrit

1 spl sidrunimahla

soola maitse järgi

500 g / 1 nael 2 untsi merikuradi sabafileed

1 spl chaat masala*

meetod

- Sega ingveripasta, küüslaugupasta, garam masala, tšillipulber, sidrunimahl ja sool.

- Tee kalale sisselõiked. Marineeri ingveri ja küüslaugu seguga 2 tundi.

- Grilli kala 15 minutit. Puista peale chaat masala. Serveeri kuumalt.

Kala köögiviljadega

4 portsjonit

Koostisained

750 g / 1 nael 10 untsi lõhefileed, nahata

½ tl safranit

soola maitse järgi

2 spl sinepiõli

¼ tl sinepiseemneid

¼ tl apteegitilli seemneid

¼ tl sibulaseemneid

¼ tl lambaläätse seemneid

¼ tl köömneid

2 loorberilehte

2 kuivatatud punast paprikat, poolitatud

1 suur sibul, lõigatud õhukesteks viiludeks

2 suurt rohelist paprikat, lõigatud pikuti

½ tl suhkrut

125 g / 4½ untsi konserveeritud herneid

1 suur kartul, lõigatud ribadeks

2-3 väikest baklažaani, julieneeritud

250 ml / 8fl untsi vett

meetod

- Marineerige kala kurkumi ja soolaga 30 minutit.

- Kuumuta pannil õli. Lisa marineeritud kala ja prae keskmisel kuumusel 4-5 minutit, aeg-ajalt keerates. Jookse ja broneeri.

- Samale õlile lisa sinepiseemned, apteegitill, sibul, lambaläätse ja köömneseemned. Laske neil 15 sekundit lobiseda.

- Lisa loorberilehed ja punane pipar. Prae 30 sekundit.

- Lisa sibul ja roheline pipar. Prae keskmisel kuumusel, kuni sibul on kuldpruun.

- Lisa suhkur, herned, kartulid ja baklažaanid. Sega hästi. Prae segu 7-8 minutit.

- Lisa praetud kala ja vesi. Sega hästi. Kata kaanega ja küpseta 12-15 minutit, aeg-ajalt segades.

- Serveeri kuumalt.

gulnar tandoor

(Tandooris keedetud forell)

4 portsjonit

Koostisained

4 forelli, igaüks 250 g / 9 untsi

Või niristamiseks

Esimese marinaadi jaoks:

120 ml / 4 fl untsi linnaseäädikat

2 supilusikatäit sidrunimahla

2 tl küüslaugupastat

½ tl tšillipulbrit

soola maitse järgi

Teise marinaadi jaoks:

400 g jogurtit

1 muna

1 tl küüslaugupastat

2 tl ingveripastat

120 ml / 4fl untsi värsket ühekordset kreemi

180 g / 6½ untsi besaani*

Krevetid Masala Verdes

4 portsjonit

Koostisained

1 cm / ½ tolli ingverijuur

8 küüslauguküünt

3 rohelist paprikat, lõigatud pikuti

50 g / 1¾oz koriandri lehti, hakitud

1½ spl rafineeritud taimeõli

2 suurt sibulat, peeneks hakitud

2 tükeldatud tomatit

500 g / 1 nael 2 untsi suuri krevette, kooritud ja soontega

1 tl tamarindipastat

soola maitse järgi

½ tl safranit

meetod

- Jahvata ingver, küüslauk, tšillipipar ja koriandrilehed. Pange see kõrvale.
- Kuumuta pannil õli. Prae sibul madalal kuumusel kuldseks.
- Lisa ingveri-küüslaugupasta ja tomatid. Prae 4-5 minutit.
- Lisa krevetid, tamarindipasta, sool ja kurkum. Sega hästi. Keeda 15 minutit, aeg-ajalt segades. Serveeri kuumalt.

kala karbonaad

4 portsjonit

Koostisained

2 muna

1 spl tavalist valget jahu

soola maitse järgi

400g / 14oz John Dory, nahata ja fileeritud

500 ml / 16fl untsi vett

2 suurt kartulit, keedetud ja püreestatud

1½ tl garam masala

1 suur riivitud sibul

1 tl ingveripastat

Rafineeritud taimeõli praadimiseks

200 g / 7 untsi leivapuru

meetod

- Klopi munad jahu ja soolaga lahti. Pange see kõrvale.
- Keeda kala soolaga maitsestatud vees pannil keskmisel kuumusel 15-20 minutit. Nõruta ja sõtku kartulite, garam masala, sibula, ingveripasta ja soolaga ühtlaseks massiks.
- Jaga 16 osaks, veereta pallideks ja lameda veidi, et tekiks kotletid.
- Kuumuta pannil õli. Kasta kotletid lahtiklopitud munasse, veereta riivsaias ja prae tasasel tulel kuldpruuniks. Serveeri kuumalt.

Parsi Kala Sas

(Valges kastmes keedetud kala)

4 portsjonit

Koostisained

1 spl riisijahu

1 spl suhkrut

60 ml / 2fl untsi linnaseäädikat

2 spl rafineeritud taimeõli

2 suurt sibulat, peeneks viilutatud

½ tl ingveripastat

½ tl küüslaugupastat

1 tl jahvatatud köömneid

soola maitse järgi

250 ml / 8fl untsi vett

8 sidruni hiidlesta fileed

2 lahtiklopitud muna

meetod

- Jahvata riisijahu koos suhkru ja äädikaga pastaks. Pange see kõrvale.
- Kuumuta pannil õli. Prae sibul madalal kuumusel kuldseks.
- Lisa ingveripasta, küüslaugupasta, jahvatatud köömned, sool, vesi ja kala. Keeda tasasel tulel 25 minutit, aeg-ajalt segades.
- Lisa jahusegu ja küpseta üks minut.
- Lisa õrnalt munad. Segage minut. Kaunista ja serveeri kuumalt.

Peshawari Machhi

4 portsjonit

Koostisained

3 supilusikatäit rafineeritud taimeõli

1 kg lõhet, lõigatud praad

2,5 cm / 1 tolli Ingveri juur, riivitud

8 purustatud küüslauguküünt

2 suurt sibulat, hakitud

3 tomatit, blanšeeritud ja tükeldatud

1 tl garam masala

400 g jogurtit

¾ tl safranit

1 tl amchoor*

soola maitse järgi

meetod

- Kuumuta õli. Prae kala madalal kuumusel kuldpruuniks. Jookse ja broneeri.
- Samale õlile lisa ingver, küüslauk ja sibul. Prae madalal kuumusel 6 minutit. Lisa praetud kala ja kõik ülejäänud koostisosad. Sega hästi.
- Küpseta 20 minutit ja serveeri kuumalt.

Krabi karri

4 portsjonit

Koostisained

4 keskmise suurusega krabi, puhastatud (vt toiduvalmistamise tehnikad)

soola maitse järgi

1 tl safranit

½ riivitud kookospähklit

6 küüslauguküünt

4-5 punast paprikat

1 spl koriandri seemneid

1 spl köömneid

1 tl tamarindipastat

3-4 rohelist paprikat pikuti lõigatud

1 spl rafineeritud taimeõli

1 suur sibul, peeneks hakitud

meetod

- Marineerige krabisid soola ja kurkumiga 30 minutit.
- Jahvatage kõik ülejäänud koostisosad, välja arvatud oliiviõli ja sibul, piisava koguse veega, et moodustuks ühtlane pasta.
- Kuumuta pannil õli. Prae jahvatatud pasta ja sibul madalal kuumusel, kuni sibul muutub kuldseks. Lisa veidi vett. Küpseta 7-8 minutit, aeg-ajalt segades. Lisa marineeritud krabid. Sega hästi ja küpseta 5 minutit. Serveeri kuumalt.

sinepi kala

4 portsjonit

Koostisained

8 spl sinepiõli

4 forelli, igaüks 250 g / 9 untsi

2 tl jahvatatud köömneid

2 tl jahvatatud sinepit

1 tl jahvatatud koriandrit

½ tl safranit

120 ml / 4fl untsi vett

soola maitse järgi

meetod

- Kuumuta pannil õli. Lisa kala ja prae keskmisel kuumusel 1-2 minutit. Pöörake kala ja korrake. Jookse ja broneeri.
- Samale õlile lisa jahvatatud köömned, sinep ja koriander. Laske neil 15 sekundit lobiseda.
- Lisa kurkum, vesi, sool ja praetud kala. Sega hästi ja küpseta 10-12 minutit. Serveeri kuumalt.

Meen Vattichathu

(Vürtsidega küpsetatud punane kala)

4 portsjonit

Koostisained

600 g / 1 nael 5 untsi mõõkkala, kooritud ja fileeritud

½ tl safranit

soola maitse järgi

3 supilusikatäit rafineeritud taimeõli

½ tl sinepiseemneid

½ tl lambaläätse seemneid

8 karrilehte

2 suurt sibulat, peeneks viilutatud

8 hakitud küüslauguküünt

5 cm / 2 tolli. Ingver, peeneks viilutatud

6 kokum*

meetod

- Lase kalal koos kurkumi ja soolaga 2 tundi marineerida.
- Kuumuta pannil õli. Lisa sinep ja lambaläätseseemned. Laske neil 15 sekundit lobiseda. Lisa kõik ülejäänud koostisosad ja marineeritud kala. Prae madalal kuumusel 15 minutit. Serveeri kuumalt.

Doi Maach

(Jogurtis keedetud kala)

4 portsjonit

Koostisained

4 forelli, kooritud ja fileeritud

2 spl rafineeritud taimeõli

2 loorberilehte

1 suur sibul, peeneks hakitud

2 tl suhkrut

soola maitse järgi

200 g / 7 untsi jogurtit

Marinaadi jaoks:

3 nelki

5 cm / 2 tolli kaneelipulk

3 kapslit rohelist kardemoni

5 cm / 2 tolli. ingveri juurest

1 suur sibul, lõigatud õhukesteks viiludeks

1 tl safranit

soola maitse järgi

meetod

- Jahvata kõik marinaadi koostisosad kokku. Marineerige kala selle seguga 30 minutit.
- Kuumuta pannil õli. Lisa loorberilehed ja sibul. Prae madalal kuumusel 3 minutit. Lisa suhkur, sool ja marineeritud kala. Sega hästi.
- Prae 10 minutit. Lisa jogurt ja küpseta 8 minutit. Serveeri kuumalt.

Praetud kala

4 portsjonit

Koostisained

6 supilusikatäit besaani*

2 tl garam masala

1 tl amchoor*

1 tl ajowani seemneid

1 tl ingveripastat

1 tl küüslaugupastat

soola maitse järgi

675 g / 1½ naela merikuradi saba, nahata ja fileeritud

Rafineeritud taimeõli praadimiseks

meetod

- Sega kõik koostisained peale kala ja õli piisava koguse veega, et moodustuks paks tainas. Marineerige kala selles massis 4 tundi.
- Kuumuta pannil õli. Lisa kala ja prae keskmisel kuumusel 4-5 minutit. Pöörake ja prae uuesti 2-3 minutit. Serveeri kuumalt.

Macher Chop

4 portsjonit

Koostisained

500 g / 1 nael 2 untsi lõhet, nahata ja fileeritud

soola maitse järgi

500 ml / 16fl untsi vett

250 g / 9 untsi kartulit, keedetud ja püreestatud

200 ml / 7fl untsi sinepiõli

2 suurt sibulat, peeneks hakitud

½ tl ingveripastat

½ tl küüslaugupastat

1½ tl garam masala

1 lahtiklopitud muna

200 g / 7 untsi leivapuru

Rafineeritud taimeõli praadimiseks

meetod

- Pane kala koos soola ja veega pannile. Küpseta keskmisel kuumusel 15 minutit. Nõruta ja püreesta koos kartulitega. Pange see kõrvale.
- Kuumuta pannil õli. Lisa sibul ja prae keskmisel kuumusel kuldseks. Lisa kalasegu ja kõik ülejäänud koostisosad peale muna ja riivsaia. Sega hästi ja keeda tasasel tulel 10 minutit.
- Jahuta ja jaga sidrunisuurusteks pallideks. Tasandage ja vormige kotletid.
- Kuumuta pannil praadimiseks õli. Kasta kotletid munasse, veereta riivsaias ja prae keskmisel kuumusel kuldpruuniks. Serveeri kuumalt.

Mõõkkala Goa

(Goa stiilis mõõkkala küpsetatud)

4 portsjonit

Koostisained

50 g / 1¾oz värsket kookospähklit, riivitud

1 tl koriandri seemneid

1 tl köömneid

1 tl mooniseemneid

4 küüslauguküünt

1 supilusikatäis tamarindipastat

250 ml / 8fl untsi vett

Rafineeritud taimeõli praadimiseks

1 suur sibul, peeneks hakitud

1 supilusikatäis kokum*

soola maitse järgi

½ tl safranit

4 mõõkkala steiki

meetod

- Jahvata kookospähkel, koriandriseemned, köömned, mooniseemned, küüslauk ja tamarindipasta piisava koguse veega ühtlaseks pastaks. Pange see kõrvale.
- Kuumuta pannil õli. Lisa sibul ja prae keskmisel kuumusel kuldseks.
- Lisa jahvatatud pasta ja prae 2 minutit. Lisa ülejäänud koostisosad. Sega hästi ja küpseta 15 minutit. Serveeri kuumalt.

Kuivatatud kala Masala

4 portsjonit

Koostisained

6 lõhefileed

¼ värsket kookospähklit, riivitud

7 punast paprikat

1 supilusikatäis safranit

soola maitse järgi

meetod

- Grilli kalafileed 20 minutit. Pange see kõrvale.
- Jahvatage ülejäänud koostisosad ühtlaseks pastaks.
- Sega kalaga. Keeda segu pannil madalal kuumusel 15 minutit. Serveeri kuumalt.

Madrase krevettide karri

4 portsjonit

Koostisained

3 supilusikatäit rafineeritud taimeõli

3 suurt sibulat, peeneks hakitud

12 hakitud küüslauguküünt

3 tomatit, blanšeeritud ja tükeldatud

½ tl safranit

soola maitse järgi

1 tl tšillipulbrit

2 supilusikatäit tamarindipastat

750 g / 1 nael 10 untsi keskmise suurusega krevette, kooritud ja soontega

4 supilusikatäit kookospiima

meetod

- Kuumuta pannil õli. Lisa sibul ja küüslauk ning prae keskmisel kuumusel üks minut. Lisa tomatid, kurkum, sool, tšillipulber, tamarindipasta ja krevetid. Sega hästi ja prae 7-8 minutit.
- Lisa kookospiim. Küpseta 10 minutit ja serveeri kuumalt.

kala lambaläätses

4 portsjonit

Koostisained

8 spl rafineeritud taimeõli

500 g / 1 nael 2 untsi lõhet, fileed

1 spl küüslaugupastat

75 g / 2½ untsi värskeid lambaläätse lehti, peeneks hakitud

4 tükeldatud tomatit

2 tl jahvatatud koriandrit

1 tl jahvatatud köömneid

1 tl sidrunimahla

soola maitse järgi

1 tl safranit

75 g / 2½ untsi kuuma vett

meetod

- Kuumuta pannil 4 spl õli. Lisa kala ja prae keskmisel kuumusel mõlemalt poolt kuldpruuniks. Jookse ja broneeri.
- Kuumuta pannil 4 spl õli. Lisa küüslaugupasta. Prae madalal kuumusel üks minut. Lisa ülejäänud koostisosad, välja arvatud vesi. Prae 4-5 minutit.
- Lisa vesi ja praetud kala. Sega hästi. Kata kaanega ja küpseta 10-15 minutit, aeg-ajalt segades. Serveeri kuumalt.

Karieen Porichathu

(Kalafilee Masalas)

4 portsjonit

Koostisained

1 tl tšillipulbrit

1 spl jahvatatud koriandrit

1 tl safranit

1 tl ingveripastat

2 rohelist paprikat, tükeldatud

1 sidruni mahl

8 karrilehte

soola maitse järgi

8 lõhefileed

Rafineeritud taimeõli praadimiseks

meetod

- Sega kõik koostisosad, välja arvatud kala ja õli.
- Marineeri kala selle seguga ja pane 2 tunniks külmkappi.
- Kuumuta pannil õli. Lisa kalatükid ja prae keskmisel kuumusel kuldpruuniks.
- Serveeri kuumalt.

jumbo krevetid

4 portsjonit

Koostisained

500 g / 1 nael 2 untsi suuri krevette, kooritud ja soontega

1 tl safranit

½ tl tšillipulbrit

soola maitse järgi

3 supilusikatäit rafineeritud taimeõli

1 suur sibul, peeneks hakitud

1 cm / ½ tolli. Ingveri juur, peeneks hakitud

10 hakitud küüslauguküünt

2-3 rohelist paprikat pikuti lõigatud

½ tl suhkrut

250 ml / 8fl untsi kookospiima

1 spl koriandri lehti, peeneks hakitud

meetod

- Marineerige krevette 1 tund kurkumi, tšillipulbri ja soolaga.
- Kuumuta pannil õli. Lisa sibul, ingver, küüslauk ja roheline tšilli ning prae keskmisel kuumusel 2-3 minutit.
- Lisa suhkur, sool ja marineeritud krevetid. Sega hästi ja prae 10 minutit. Lisa kookospiim. Küpseta 15 minutit.
- Kaunista koriandrilehtedega ja serveeri kuumalt.

kalakonservid

4 portsjonit

Koostisained

Rafineeritud taimeõli praadimiseks

1kg / 2¼lb mõõkkala, nülitud ja fileeritud

1 tl safranit

12 kuivatatud punast paprikat

1 spl köömneid

5 cm / 2 tolli. ingveri juurest

15 küüslauguküünt

250 ml / 8fl oz linnaseäädikat

soola maitse järgi

meetod

- Kuumuta pannil õli. Lisa kala ja prae keskmisel kuumusel 2-3 minutit. Pöörake ja praege 1-2 minutit. Pange see kõrvale.
- Jahvatage ülejäänud koostisosad ühtlaseks pastaks.
- Keeda pasta pannil madalal kuumusel 10 minutit. Lisa kala, küpseta 3-4 minutit, seejärel jahuta ja hoia purgis, külmkapis, kuni 1 nädal.

Kalapalli karri

4 portsjonit

Koostisained

500 g / 1 nael 2 untsi lõhet, nahata ja fileeritud

soola maitse järgi

750 ml / 1¼ pinti vett

1 suur sibul

3 tl garam masala

½ tl safranit

3 spl rafineeritud taimeõli pluss lisa praadimiseks

5 cm / 2 tolli. Ingveri juur, riivitud

5 purustatud küüslauguküünt

250 g / 9 untsi tomateid, blanšeeritud ja kuubikuteks lõigatud

2 spl jogurtit, smuutit

meetod

- Küpseta kala vähese soola ja 500 ml veega keskmisel kuumusel 20 minutit. Nõruta ja blenderda sibula, soola, 1 tl garam masala ja safraniga ühtlaseks massiks. Jaga 12 palliks.
- Kuumuta praadimiseks õli. Lisa pallid ja prae keskmisel kuumusel kuldpruuniks. Jookse ja broneeri.
- Kuumuta pannil 3 spl õli. Lisa kõik ülejäänud koostisosad, ülejäänud vesi ja kalapallid. Küpseta 10 minutit ja serveeri kuumalt.

amritsari kala

(Kuum vürtsikas kala)

4 portsjonit

Koostisained

200 g / 7 untsi jogurtit

½ tl ingveripastat

½ tl küüslaugupastat

1 sidruni mahl

½ tl garam masala

soola maitse järgi

675 g / 1½ naela merikuradi saba, nahata ja fileeritud

meetod

- Sega kõik koostisosad, välja arvatud kala. Marineerige kala selle seguga 1 tund.
- Grilli marineeritud kala 7-8 minutit. Serveeri kuumalt.

Praetud krevetid Masala

4 portsjonit

Koostisained

4 küüslauguküünt

5 cm / 2 tolli ingverit

2 spl värsket kookospähklit, riivitud

2 kuivatatud punast paprikat

1 spl koriandri seemneid

1 tl safranit

soola maitse järgi

120 ml / 4fl untsi vett

750 g / 1 nael 10 untsi krevette, kooritud ja soontega

3 supilusikatäit rafineeritud taimeõli

3 suurt sibulat, peeneks hakitud

2 tükeldatud tomatit

2 spl koriandri lehti, hakitud

1 tl garam masala

meetod

- Jahvata küüslauk, ingver, kookospähkel, punane pipar, koriandriseemned, kurkum ja sool piisava koguse veega ühtlaseks pastaks.
- Marineerige krevette selle pastaga tund aega.
- Kuumuta pannil õli. Lisa sibul ja prae keskmisel kuumusel läbipaistvaks.
- Lisa marineeritud tomatid ja krevetid. Sega hästi. Lisa vesi, kata kaanega ja küpseta 20 minutit.
- Kaunista koriandrilehtede ja garam masalaga. Serveeri kuumalt.

Kaetud soolakala

4 portsjonit

Koostisained

2 supilusikatäit sidrunimahla

soola maitse järgi

Jahvatatud must pipar maitse järgi

4 mõõkkala steiki

2 supilusikatäit võid

1 suur sibul, peeneks hakitud

1 roheline paprika, kivideta ja hakitud

3 tomatit, kooritud ja tükeldatud

50 g / 1¾ untsi riivsaia

85 g riivitud Cheddari juustu

meetod

- Piserdage kalale sidrunimahla, soola ja pipart. Pange see kõrvale.
- Kuumuta pannil või. Lisa sibul ja roheline pipar. Prae keskmisel kuumusel 2-3 minutit. Lisa tomatid, riivsai ja juust. Prae 4-5 minutit.
- Määri segu ühtlaselt kalale. Mähi alumiiniumfooliumisse ja küpseta 200°C juures (400°F, gaasimärk 6) 30 minutit. Serveeri kuumalt.

pasanda krevetid

(Jogurti ja äädikaga keedetud krevetid)

4 portsjonit

Koostisained

250 g / 9 untsi krevette, kooritud ja soontega

soola maitse järgi

1 tl jahvatatud musta pipart

2 tl linnaseäädikat

2 tl rafineeritud taimeõli

1 spl küüslaugupastat

2 suurt sibulat, peeneks hakitud

2 tükeldatud tomatit

2 hakitud murulauku

1 tl garam masala

250 ml / 8fl untsi vett

4 spl kreeka jogurtit

meetod

- Marineerige krevette soola, pipra ja äädikaga 30 minutit.
- Grilli krevette 5 minutit. Pange see kõrvale.
- Kuumuta pannil õli. Lisa küüslaugupasta ja sibul. Prae keskmisel kuumusel üks minut. Lisa tomatid, murulauk ja garam masala. Prae 4 minutit. Lisa grillitud krevetid ja vesi. Keeda madalal kuumusel 15 minutit. Lisa jogurt. Sega 5 minutit. Serveeri kuumalt.

rechaido mõõkkala

(Goa kastmes küpsetatud mõõkkala)

4 portsjonit

Koostisained

4 punast paprikat

6 küüslauguküünt

2,5 cm / 1 tolli ingverijuur

½ tl safranit

1 suur sibul

1 tl tamarindipastat

1 tl köömneid

1 spl suhkrut

soola maitse järgi

120 ml / 4 fl untsi linnaseäädikat

1kg / 2¼lb mõõkkala, puhastatud

Rafineeritud taimeõli praadimiseks

meetod

- Jahvata kõik koostisosad peale kala ja õli.
- Tee mõõkkala sisse pilud ja marineeri jahvatatud seguga, pannes palju segu piludesse. Broneeri 1 tund.
- Kuumuta pannil õli. Lisa marineeritud kala ja prae tasasel tulel 2-3 minutit. Pöörake ja korrake. Serveeri kuumalt.

Teekha Jhinga

(kuumad krevetid)

4 portsjonit

Koostisained

4 supilusikatäit rafineeritud taimeõli

1 tl apteegitilli seemneid

2 suurt sibulat, peeneks hakitud

2 tl ingveripastat

2 tl küüslaugupastat

soola maitse järgi

½ tl safranit

3 supilusikatäit garam masala

25 g / napp 1 unts kuivatatud kookospähklit

60 ml / 2fl untsi vett

1 spl sidrunimahla

500 g / 1 nael 2 untsi krevette, kooritud ja soontega

meetod

- Kuumuta pannil õli. Lisa apteegitilli seemned. Laske neil 15 sekundit lobiseda. Lisa sibul, ingveripasta ja küüslaugupasta. Prae keskmisel kuumusel üks minut.
- Lisa ülejäänud koostisosad, välja arvatud krevetid. Prae 7 minutit.
- Lisa krevetid ja küpseta pidevalt segades 15 minutit. Serveeri kuumalt.

Balchow krevetid

(Goa viisil keedetud krevetid)

4 portsjonit

Koostisained

750 g / 1 nael 10 untsi krevette, kooritud ja soontega

250 ml / 8fl oz linnaseäädikat

8 küüslauguküünt

2 suurt sibulat, peeneks hakitud

1 spl jahvatatud köömneid

¼ tl safranit

soola maitse järgi

120 ml / 4fl untsi rafineeritud taimeõli

50 g / 1¾oz koriandri lehti, hakitud

meetod

- Marineeri krevette 4 spl äädikaga 2 tundi.
- Jahvatage ülejäänud äädikas küüslaugu, sibula, jahvatatud köömne, kurkumi ja soolaga ühtlaseks pastaks. Pange see kõrvale.
- Kuumuta pannil õli. Prae krevette madalal kuumusel 12 minutit.
- Lisage kaust. Sega hästi ja hauta madalal kuumusel 15 minutit.
- Kaunista koriandrilehtedega. Serveeri kuumalt.

bhujna krevetid

(Kuivatatud krevetid kookose ja sibulaga)

4 portsjonit

Koostisained

50 g / 1¾oz värsket kookospähklit, riivitud

2 suurt sibulat

6 punast paprikat

5 cm / 2 tolli. Ingveri juur, riivitud

1 tl küüslaugupastat

4 supilusikatäit rafineeritud taimeõli

5 kuiv kokum*

¼ tl safranit

750 g / 1 nael 10 untsi krevette, kooritud ja soontega

250 ml / 8fl untsi vett

soola maitse järgi

meetod

- Jahvata kookospähkel, sibul, punane paprika, ingver ja küüslaugupasta.
- Kuumuta pannil õli. Lisa pasta koos kokumi ja kurkumiga. Prae madalal kuumusel 5 minutit.
- Lisa krevetid, vesi ja sool. Keeda 20 minutit, pidevalt segades. Serveeri kuumalt.

Chingdi Macher Malai

(krevetid kookospähklis)

4 portsjonit

Koostisained

2 suurt sibulat, riivitud

2 supilusikatäit ingveripastat

100 g / 3½ untsi värsket kookospähklit, riivitud

4 supilusikatäit rafineeritud taimeõli

500 g / 1 nael 2 untsi krevette, kooritud ja soontega

1 tl safranit

1 tl jahvatatud köömneid

4 tükeldatud tomatit

1 tl suhkrut

1 tl ghee'd

2 nelki

2,5 cm / 1 in kaneeli

2 kapslit rohelist kardemoni

3 loorberilehte

soola maitse järgi

4 suurt kartulit, lõigatud kuubikuteks ja praetud

250 ml / 8fl untsi vett

meetod

- Jahvata sibul, ingveripasta ja kookospähkel ühtlaseks pastaks. Pange see kõrvale.
- Kuumuta pannil õli. Lisa krevetid ja prae neid keskmisel kuumusel 5 minutit. Jookse ja broneeri.
- Lisa samale õlile jahvatatud pasta ja kõik ülejäänud koostisosad, välja arvatud vesi. Prae 6-7 minutit. Lisa praetud krevetid ja vesi. Sega hästi ja küpseta 10 minutit. Serveeri kuumalt.

Fish Sorse Bata

(kala sinepipastas)

4 portsjonit

Koostisained

4 spl sinepiseemneid

7 rohelist paprikat

2 supilusikatäit vett

½ tl safranit

5 spl sinepiõli

soola maitse järgi

Sidrunikeel 1kg / 2¼lb, kooritud ja fileeritud

meetod

- Jahvata kõik koostisosad peale kala piisava koguse veega ühtlaseks pastaks. Marineerige kala selle seguga 1 tund.
- Küpseta 25 minutit. Serveeri kuumalt.

Kalasupp

4 portsjonit

Koostisained

1 spl rafineeritud taimeõli

2 nelki

2,5 cm / 1 in kaneeli

3 loorberilehte

5 tera musta pipart

1 tl küüslaugupastat

1 tl ingveripastat

2 suurt sibulat, peeneks hakitud

400 g / 14 untsi külmutatud köögivilju

soola maitse järgi

250 ml / 8fl untsi kuuma vett

500 g / 1 nael 2 untsi merikuradi fileed

1 spl tavalist valget jahu, lahustatud 60 ml / 2 fl untsi piimas

meetod

- Kuumuta pannil õli. Lisa nelk, kaneel, loorber ja pipar. Laske neil 15 sekundit lobiseda. Lisa küüslaugupasta, ingveripasta ja sibul. Prae keskmisel kuumusel 2-3 minutit.
- Lisa köögiviljad, sool ja vesi. Sega hästi ja küpseta 10 minutit.
- Lisa ettevaatlikult kala ja jahusegu. Sega hästi. Küpseta keskmisel kuumusel 10 minutit. Serveeri kuumalt.

jhinga nissa

(krevetid jogurtiga)

4 portsjonit

Koostisained

1 spl sidrunimahla

1 tl ingveripastat

1 tl küüslaugupastat

1 tl seesamiseemneid

200 g / 7 untsi jogurtit

2 rohelist paprikat, tükeldatud

½ tl kuivatatud lambaläätse lehti

½ tl jahvatatud nelki

½ tl kaneelipulbrit

½ tl jahvatatud musta pipart

soola maitse järgi

12 suurt krevetti, kooritud ja soontega

meetod

- Sega kõik koostisosad, välja arvatud krevetid. Marineerige krevette selles segus tund aega.
- Laota marineeritud krevetid varrastele ja grilli 15 minutit. Serveeri kuumalt.

Kalmaar Vindaloo

(Vürtsikas goani kastmes küpsetatud kalmaar)

4 portsjonit

Koostisained

8 supilusikatäit linnaseäädikat

8 punast paprikat

3,5 cm / 1½ tolli ingverijuur

20 küüslauguküünt

1 tl sinepiseemneid

1 tl köömneid

1 tl safranit

soola maitse järgi

6 supilusikatäit rafineeritud taimeõli

3 suurt sibulat, peeneks hakitud

500 g / 1 nael 2 untsi kalmaari, viilutatud

meetod

- Jahvata pool äädikast punase pipra, ingveri, küüslaugu, sinepiseemnete, köömnete, kurkumi ja soolaga ühtlaseks pastaks. Pange see kõrvale.
- Kuumuta pannil õli. Prae sibul madalal kuumusel kuldseks.
- Lisa jahvatatud pasta. Sega hästi ja prae 5-6 minutit.
- Lisa kalmaar ja ülejäänud äädikas. Keeda tasasel tulel 15-20 minutit, aeg-ajalt segades. Serveeri kuumalt.

Homaar Balchow

(Goa karris küpsetatud vürtsikad homaarid)

4 portsjonit

Koostisained

400 g / 14 untsi homaari liha, hakitud

soola maitse järgi

½ tl safranit

60 ml / 2fl untsi linnaseäädikat

1 tl suhkrut

120 ml / 4fl untsi rafineeritud taimeõli

2 suurt sibulat, peeneks hakitud

12 hakitud küüslauguküünt

1 tl garam masala

1 spl hakitud koriandri lehti

meetod

- Marineeri homaari soola, safrani, äädika ja suhkruga 1 tund.
- Kuumuta pannil õli. Lisa sibul ja küüslauk. Prae madalal kuumusel 2-3 minutit. Lisa marineeritud homaar ja garam masala. Keeda tasasel tulel 15 minutit, aeg-ajalt segades.
- Kaunista koriandrilehtedega. Serveeri kuumalt.

Krevetid baklažaaniga

4 portsjonit

Koostisained

4 supilusikatäit rafineeritud taimeõli

6 tera musta pipart

3 rohelist paprikat

4 nelki

6 küüslauguküünt

1 cm / ½ tolli ingverijuur

2 spl koriandri lehti, hakitud

1½ spl kuivatatud kookospähklit

2 suurt sibulat, peeneks hakitud

500 g / 1 nael 2 untsi tükeldatud baklažaani

250 g / 9 untsi krevette, kooritud ja soontega

½ tl safranit

1 tl tamarindipastat

soola maitse järgi

10 india pähklit

120 ml / 4fl untsi vett

meetod

- Kuumuta pannil 1 spl õli. Lisa pipraterad, roheline tšilli, nelk, küüslauk, ingver, koriandrilehed ja kookospähkel keskmisel kuumusel 2-3 minutit. Jahvata segu ühtlaseks pastaks. Pange see kõrvale.
- Kuumuta pannil ülejäänud õli. Lisa sibul ja prae keskmisel kuumusel üks minut. Lisa baklažaanid, krevetid ja kurkum. Prae 5 minutit.
- Lisa jahvatatud pasta ja kõik ülejäänud koostisosad. Sega hästi ja küpseta 10-15 minutit. Serveeri kuumalt.

rohelised krevetid

4 portsjonit

Koostisained

1 sidruni mahl

50 g / 1¾oz piparmündilehti

50 g / 1 unts koriandri lehti

4 rohelist paprikat

2,5 cm / 1 tolli ingverijuur

8 küüslauguküünt

näputäis garam masalat

soola maitse järgi

20 keskmise suurusega krevetti, kooritud ja soontega

meetod

- Jahvata kõik koostisosad, välja arvatud krevetid, ühtlaseks pastaks. Marineerige krevette selles segus 1 tund.
- Tõsta krevetid vardasse. Grilli 10 minutit, aeg-ajalt keerates. Serveeri kuumalt.

Kala koriandriga

4 portsjonit

Koostisained

3 supilusikatäit rafineeritud taimeõli

1 suur sibul, peeneks hakitud

4 rohelist paprikat, peeneks hakitud

1 spl ingveripastat

1 spl küüslaugupastat

1 tl safranit

soola maitse järgi

100 g / 3½ untsi koriandri lehti, hakitud

1 kg / 2¼ naela lõhe, nahata ja fileeritud

250 ml / 8fl untsi vett

meetod

- Kuumuta pannil õli. Prae sibul madalal kuumusel kuldseks.
- Lisa kõik ülejäänud koostisosad peale kala ja vee. Prae 3-4 minutit. Lisa kala ja prae 3-4 minutit.
- Lisa vesi. Sega hästi ja küpseta 10-12 minutit. Serveeri kuumalt.

malai kala

(Kreemises kastmes keedetud kala)

4 portsjonit

Koostisained

250 ml / 8fl oz rafineeritud taimeõli

1kg / 2¼lb meriahvena filee

1 spl tavalist valget jahu

1 suur riivitud sibul

½ tl safranit

250 ml / 8fl untsi kookospiima

soola maitse järgi

Vürtside segu jaoks:

1 tl koriandri seemneid

1 tl köömneid

4 rohelist paprikat

6 küüslauguküünt

6 supilusikatäit vett

meetod

- Jahvata vürtsisegu koostisosad. Pigista segu mahla eraldamiseks väikesesse kaussi. Broneerige mahl. Viska kest minema.
- Kuumuta pannil õli. Määri kala jahuga ja prae keskmisel kuumusel kuldpruuniks. Jookse ja broneeri.
- Samale õlile lisa sibul ja prae keskmisel kuumusel kuldpruuniks.
- Lisa vürtsisegust saadud mahl ja kõik ülejäänud koostisosad. Sega hästi.
- Küpseta 10 minutit. Lisa kala ja küpseta 5 minutit. Serveeri kuumalt.

Konkani kalakarri

4 portsjonit

Koostisained

1 kg / 2¼ naela lõhe, nahata ja fileeritud

soola maitse järgi

1 tl safranit

1 tl tšillipulbrit

2 spl rafineeritud taimeõli

1 suur sibul, peeneks hakitud

½ tl ingveripastat

750 ml / 1¼ pinti kookospiima

3 rohelist paprikat, lõigatud pikuti

meetod

- Marineerige kala soola, kurkumi ja tšillipulbriga 30 minutit.
- Kuumuta pannil õli. Lisa sibul ja ingveripasta. Prae keskmisel kuumusel, kuni sibul on läbipaistev.
- Lisa kookospiim, roheline pipar ja marineeritud kala. Sega hästi. Küpseta 15 minutit. Serveeri kuumalt.

Vürtsikad krevetid küüslauguga

4 portsjonit

Koostisained

4 supilusikatäit rafineeritud taimeõli

2 suurt sibulat, peeneks hakitud

1 spl küüslaugupastat

12 hakitud küüslauguküünt

1 tl tšillipulbrit

1 tl jahvatatud koriandrit

½ tl jahvatatud köömneid

2 tükeldatud tomatit

soola maitse järgi

1 tl safranit

750 g / 1 nael 10 untsi krevette, kooritud ja soontega

250 ml / 8fl untsi vett

meetod

- Kuumuta pannil õli. Lisa sibul, küüslaugupasta ja hakitud küüslauk. Prae keskmisel kuumusel, kuni sibul on läbipaistev.
- Lisa ülejäänud koostisosad, välja arvatud krevetid ja vesi. Prae 3-4 minutit. Lisa krevetid ja prae 3-4 minutit.
- Lisa vesi. Sega hästi ja küpseta 12-15 minutit. Serveeri kuumalt.

Lihtne kalakarri

4 portsjonit

Koostisained

2 suurt sibulat, lõigatud neljandikku

3 nelki

2,5 cm / 1 in kaneeli

4 tera musta pipart

2 tl koriandri seemneid

1 tl köömneid

1 tomat, neljaks lõigatud

soola maitse järgi

2 spl rafineeritud taimeõli

750 g / 1 nael 10 untsi lõhet, nahata ja fileeritud

250 ml / 8fl untsi vett

meetod

- Jahvatage kõik koostisosad, välja arvatud õli, kala ja vesi. Kuumuta pannil õli. Lisa pasta ja prae madalal kuumusel 7 minutit.
- Lisa kala ja vesi. Keeda 25 minutit, pidevalt segades. Serveeri kuumalt.

Goani kalakarri

4 portsjonit

Koostisained

100 g / 3½ untsi värsket kookospähklit, riivitud

4 kuivatatud punast paprikat

1 tl köömneid

1 tl koriandri seemneid

360 ml / 12fl untsi vett

3 supilusikatäit rafineeritud taimeõli

1 suur riivitud sibul

1 tl safranit

8 karrilehte

2 tomatit, blanšeeritud ja tükeldatud

2 rohelist paprikat, lõigatud pikuti

1 supilusikatäis tamarindipastat

soola maitse järgi

1 kg / 2¼ lb lõhet, viilutatud

meetod

- Jahvata kookospähkel, punane pipar, köömned ja koriandri seemned 4 sl veega, kuni moodustub paks pasta. Pange see kõrvale.
- Kuumuta pannil õli. Prae sibul madalal kuumusel läbipaistvaks.
- Lisa kookospasta. Prae 3-4 minutit.
- Lisa kõik ülejäänud koostisosad, välja arvatud kala ja ülejäänud vesi. Prae 6-7 minutit. Lisa kala ja vesi. Sega hästi ja küpseta 20 minutit, aeg-ajalt segades. Serveeri kuumalt.

Krevetid Vindaloo

(Vürtsikas Goa karris küpsetatud krevetid)

4 portsjonit

Koostisained

   3 supilusikatäit rafineeritud taimeõli

   1 suur riivitud sibul

   4 tükeldatud tomatit

   1½ tl tšillipulbrit

   ½ tl safranit

   2 tl jahvatatud köömneid

   750 g / 1 nael 10 untsi krevette, kooritud ja soontega

   3 supilusikatäit valget äädikat

   1 tl suhkrut

   soola maitse järgi

meetod

- Kuumuta pannil õli. Lisa sibul ja prae keskmisel kuumusel 1-2 minutit. Lisa tomatid, tšillipulber, kurkum ja köömned. Sega hästi ja küpseta 6-7 minutit, aeg-ajalt segades.
- Lisa krevetid ja sega korralikult läbi. Keeda madalal kuumusel 10 minutit.
- Lisa äädikas, suhkur ja sool. Küpseta 5-7 minutit. Serveeri kuumalt.

Kala Masala Verdes

4 portsjonit

Koostisained

750 g / 1 nael 10 untsi mõõkkala, nahata ja fileeritud

soola maitse järgi

1 tl safranit

50 g / 1¾oz piparmündilehti

100 g / 3½ untsi koriandri lehti

12 küüslauguküünt

5 cm / 2 tolli. ingveri juurest

2 suurt sibulat, viilutatud

5 cm / 2 tolli kaneeli

1 spl mooniseemneid

3 nelki

500 ml / 16fl untsi vett

3 supilusikatäit rafineeritud taimeõli

meetod

- Lase kalal 30 minutit soola ja safraniga marineerida.
- Jahvatage ülejäänud koostisosad, välja arvatud õli, piisava koguse veega, et moodustuks paks pasta.
- Kuumuta pannil õli. Lisa pasta ja prae keskmisel kuumusel 4-5 minutit. Lisa marineeritud kala ja ülejäänud vesi. Sega hästi ja küpseta 20 minutit, aeg-ajalt segades. Serveeri kuumalt.

masala karbid

4 portsjonit

Koostisained

500 g / 1 naela 2 untsi karbid, puhastatud (vt<u>toiduvalmistamise tehnikad</u>)

soola maitse järgi

¾ tl safranit

1 spl koriandri seemneid

3 nelki

2,5 cm / 1 in kaneeli

4 tera musta pipart

2,5 cm / 1 tolli ingverijuur

8 küüslauguküünt

60g / 2oz värsket kookospähklit, riivitud

2 spl rafineeritud taimeõli

1 suur sibul, peeneks hakitud

500 ml / 16fl untsi vett

meetod

- aur (vt<u>toiduvalmistamise tehnikad</u>) karbid auruti 20 minutiks. Puista peale soola ja kurkumit. Pange see kõrvale.
- Jahvatage ülejäänud koostisosad, välja arvatud oliiviõli, sibul ja vesi.

- Kuumuta pannil õli. Lisa pasta ja sibul. Prae keskmisel kuumusel 4-5 minutit. Lisa aurutatud karbid ja prae 5 minutit. Lisa vesi. Küpseta 10 minutit ja serveeri kuumalt.

kala tikka

4 portsjonit

Koostisained

2 tl ingveripastat

2 tl küüslaugupastat

1 tl garam masala

1 tl tšillipulbrit

2 tl jahvatatud köömneid

2 supilusikatäit sidrunimahla

soola maitse järgi

1 kg / 2¼ lb merikuradi, nülitud ja fileeritud

Rafineeritud taimeõli madalaks praadimiseks

2 lahtiklopitud muna

3 supilusikatäit manna

meetod

- Sega ingveripasta, küüslaugupasta, garam masala, tšillipulber, köömned, sidrunimahl ja sool. Marineerige kala selle seguga 2 tundi.
- Kuumuta pannil õli. Kasta marineeritud kala munasse, veereta mannas ja prae keskmisel kuumusel 4-5 minutit.
- Pöörake ja praege 2-3 minutit. Nõruta imaval paberil ja serveeri kuumalt.

Krevettidega täidetud baklažaan

4 portsjonit

Koostisained

4 supilusikatäit rafineeritud taimeõli

1 suur sibul, peeneks riivitud

2 tl ingveripastat

2 tl küüslaugupastat

1 tl safranit

½ tl garam masala

soola maitse järgi

1 tl tamarindipastat

180 g / 6½ untsi krevette, kooritud ja soontega

60 ml / 2fl untsi vett

8 väikest baklažaani

10 g / ¼ untsi koriandri lehti, hakitud, kaunistamiseks

meetod

- Täidise jaoks kuumuta pannil pool õlist. Lisa sibul ja prae tasasel tulel kuldpruuniks. Lisa ingveripasta, küüslaugupasta, kurkum ja garam masala. Prae 2-3 minutit.
- Lisa sool, tamarindipasta, krevetid ja vesi. Sega hästi ja küpseta 15 minutit. Lase jahtuda.
- Tehke noaga baklažaani otsa rist. Lõika piki risti sügavamale, jättes teise otsa poolitamata. Asetage krevetisegu sellesse õõnsusse. Korrake kõigi baklažaanide puhul.
- Kuumuta pannil ülejäänud õli. Lisa täidetud baklažaanid. Prae tasasel tulel 12-15 minutit, aeg-ajalt keerates. Kaunista ja serveeri kuumalt.

Krevetid küüslaugu ja kaneeliga

4 portsjonit

Koostisained

250 ml / 8fl oz rafineeritud taimeõli

1 tl safranit

2 tl küüslaugupastat

soola maitse järgi

500 g / 1 nael 2 untsi krevette, kooritud ja soontega

2 tl kaneelipulbrit

meetod

- Kuumuta pannil õli. Lisa kurkum, küüslaugupasta ja sool. Prae keskmisel kuumusel 2 minutit. Lisa krevetid ja küpseta 15 minutit.
- Lisa kaneel. Küpseta 2 minutit ja serveeri kuumalt.

Aurutatud tald sinepiga

4 portsjonit

Koostisained

1 tl ingveripastat

1 tl küüslaugupastat

¼ tl punase pipra pasta

2 tl inglise sinepit

2 tl sidrunimahla

1 tl sinepiõli

soola maitse järgi

Sidrunikeel 1kg / 2¼lb, kooritud ja fileeritud

25 g / vähe 1 untsi koriandri lehti, peeneks hakitud

meetod

- Sega kõik koostisained peale kala ja koriandrilehed. Marineerige kala selle seguga 30 minutit.
- Asetage kala madalasse nõusse. aur (vt<u>toiduvalmistamise tehnikad</u>) aurustis 15 minutit. Kaunista koriandrilehtedega ja serveeri kuumalt.

kollane kala karri

4 portsjonit

Koostisained

100 ml / 3½ untsi sinepiõli

1 kg / 2¼ naela lõhe, nahata ja fileeritud

4 tl inglise sinepit

1 tl jahvatatud koriandrit

1 tl tšillipulbrit

2 tl küüslaugupastat

125 g / 4½ untsi tomatipüreed

120 ml / 4fl untsi vett

soola maitse järgi

1 tl safranit

2 spl peeneks hakitud koriandrilehti, kaunistuseks

meetod

- Kuumuta pannil õli. Lisa kala ja prae tasasel tulel kuldpruuniks. Pöörake ja korrake. Kurna kala ja varu. Varu õli.
- Sega sinep jahvatatud koriandri, tšillipulbri ja küüslauguga.

- Kuumuta kala praadimiseks kasutatud õli. Prae sinepisegu üks minut.
- Lisa tomatipüree. Prae keskmisel kuumusel 4-5 minutit.
- Lisa praetud kala, vesi, sool ja kurkum. Sega hästi ja küpseta 15-20 minutit, aeg-ajalt segades.
- Kaunista koriandrilehtedega. Serveeri kuumalt.

www.ingramcontent.com/pod-product-compliance
Lightning Source LLC
Chambersburg PA
CBHW071424080526
44587CB00014B/1738